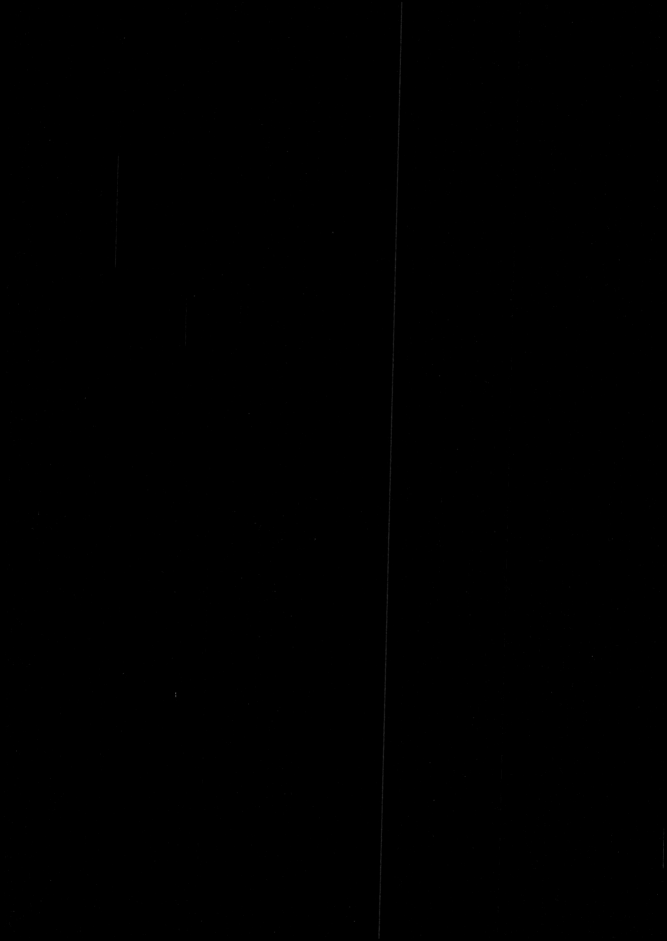

貴族の世界

シークレット歌劇團
0931

愛海夏子 編著

はじめに

本書に登場する「貴族」とは
日本の北に生息する中小貴族を表し

本書に登場する「平民」とは
その貴族が平素より大変お世話になっている民
平和を愛する民の意である

さあ、愛とユーモアの世界を堪能せよ——

貴族の世界

MENU

まず写真を楽しみたい！そんなあなたにはp8〜

貴族のアルバム

「貴族のアルバム」は2002年の貴族誕生から2022年までを写真で振り返る気楽なページ。読むのが苦手な平民はこれを見て楽しむがよい！20年分の写真2万5千枚から厳選したぞ。

はじめは「はじめに」を読むよね。

p2へ

2011

2010

2009

2008

紅雅みすず p80

銀河祐 p84

音羽美雨 p88

栄瑪ラルド p94

星輝柚瑠 p90

観来灯足 p92

あいざわ…♥

それ、貴族に聞いてみよう

団員のページをじっくり読みたい！
そんなあなたは p78～

2015

2014

2013

2012

平民が書いてくれた作文読みたい人はこちら!!

貴族を支えてくれる平民たち。彼らから寄せられた平民の作文が「誰かにとっての貴族」を語り尽くす。長文あり！短文あり！読みごたえあり！

それぞれの思いがぎっしり詰まった全7楽章！

2018

2017

2016

主宰愛海が語る 中小貴族団体「ナカノヒトビト」

シークレット歌劇團0931が活動を続け、平民に愛とユーモアを届けることができているのは、裏方として共に創造し続けてくれている中小貴族団体スタッフのサポートがあるから。我々貴族は彼らをこう呼ぶ。中小貴族団体「ナカノヒトビト」と。

2022

2021

2020

2019

てことで。

アルバム

いやはや20年です。小劇場時代から更にそれ以前へ遡るには古い記憶の扉をいくつも開けて中に入っていかねばならず、しかも古くなればなるほど写真などの記録も少なく難儀したのですが幸にして「シークレット歌劇團0931」が誕生したきっかけを与えてくれた20年前のイベントプロデューサーを務めていた竹田新氏（現：株式会社タワービジョンズ代表取締役社長）が残してくれた当時の記録も拝借しながら「あの日、あの時」の光景を写真と共に語らせていただきたいと存じます。はじまりはじまり〜。

（シークレット歌劇團0931主宰　愛海夏子）

“中小貴族誕生”

〜雑種天国2002.Feb at 日音歌謡ホール〜

銀河祐と紅雅みすずが己をそう名乗り、中小貴族の道を歩むきっかけとなったのがこのイベントだった。今にして思うと、ここから全てが始まったのだ。「私たち、ちょっと出るから、ちょっと手伝って」と言われて有名歌劇団をトレースしアレンジした形で短いコントを書いた記憶がある。思いつきも甚だしかったが奇しくもこれこそが現在の公演スタイル（前半お芝居、後半レビューショー）のベースとなっている。程よくいい加減で、明るく屈託のない、それでいて若さでも情熱でもない「何かがほとばしる」パフォーマンスは、観客の心をざわつかせた。この時、簡易的な照明を操っていたのが「あいざわ」、音響担当が現在の「宮廷音響師」であった。銀河と紅雅は何年も経った後にそれを知り、縁がすでにあったと仰天することになる。この日をきっかけにおしゃれなCLUBイベントにゲスト出演するなど活動は続いた。

貴　族　の

“中小貴族2年目の軌跡”

～雑種天国2003.Feb at SOUND CREW BASEMENT～

「客演として」あいざわが初登場。日音歌謡ホールという名の小さなスタジオからステップアップし、ライブハウスが会場だ。楽屋トーク風のシチュエーションコントをするのにあと1人必要で、たまたま頭に浮かんだあいざわに「ちょっと出てよ」と頼んだ。今も変わらないけれど彼は「あ、はい」と即座に軽く返事をした。ライブハウスは130人を超える観客の笑い声で埋め尽くされ、この「ライブ感」が、銀河祐と紅雅みすずにある種の「達成感」を与えた。ついでにあいざわも目覚めた（と思う）。秋には音楽見本市の「MIX2003」がらみのクラブイベントにゲスト出演。銀河と紅雅は自分たちが一体どこへ向かっているのか、こんな活動がこの先続くのかもわからずにただただ「その時」を楽しんでいた。決して爽やかではない、中年に差し掛かった濃いめの汗をかきながら。

初単独公演

ホワイトデーには白い薔薇を

～十二使徒教会（札幌市豊平区）～

2004年の3月、シークレット歌劇團0931は初の単独公演を行うことになる。次の扉が勝手に開いてしまったような流れだった。ここで娘役が必要になった。ただの娘役ではなく、中小貴族に見合った娘役。銀河と紅雅2人との相性が大事だったので、3人で会ってもらった。即決だった。それが音羽美雨である。音羽は当時を振り返り「断ろうと思ったが有無を言わさずの勢いで“じゃ、よろしくね!”と言われ、気づいたら王妃になって舞台に立たされ、レビューで踊らされていた」と語る。そんな受け身だった彼女が、のちにタオルヌンチャクで一世を風靡《ふうび》し、けん玉や和太鼓で伝説の上塗りをしていくことになろうとは…。何がどうなるかなんて、誰にもわからないものだ。この頃の私は自分の肩書きに「脚本演出家」が加わるだなんて思ってもみなかったのだから。

口から国旗を出す演出で、
紅雅様は毎回とても上手に引き出していた。
銀河様はそのシーンが**今でも一番好き。**
と言っている。

結成3周年記念公演

嘘と真実の薔薇
～秘密倶楽部へようこそ～

札幌の小劇場、扇谷記念スタジオZOOで初めて公演をすることになったのが2005年のこと。なんの気負いもなく、伸び伸びと舞台を走り回る団員たち。とにかく自分たちが「劇場」で「公演」を行うこと自体が可笑しすぎて、楽しかったのだ。人は来るのか？ここの使用料、払えるのか？そんな事はどうでもよかった。この頃は私も興行がなんたるか、を知らなさ過ぎた。この辺りから、興行についての学びの日々が始まる。作品はというと、整形をした人間の過去と未来が交差して変わったものと変わらないものを表面に並べた時、きらきらした記憶はどこにあるのかを題材に人間模様を描き、最後はハゲ落ち。ふざけたくてそうしたのではない。人にはそれぞれ秘密があり、それを暴かれる残酷さと絶望と乗り越える人の強さの物語を届けたかった。

「ドゥワイエ」というおまじないの言葉が登場するのだが、それの意味するところは…

ドゥーナッツ
ワッカが一番おいしいの
いちもくさんに
え～い食べちゃえ！

いじめられっ子の2人が大好きなおやつを食べて元気になろうとする健気なおまじないの言葉。何の解決にもならない中で手繰り寄せる小さな光。このお芝居を、まだ中学生だった栄瑪ラルドが観ていて「大好きな作品」と言ってくれた。その彼が今、貴族として舞台に立ってくれている。

ドゥワイエ
ドゥワイエ
ドゥワイエ!

平成18年度記念公演

戯れの薔薇
～マリーとフェルゼン編～

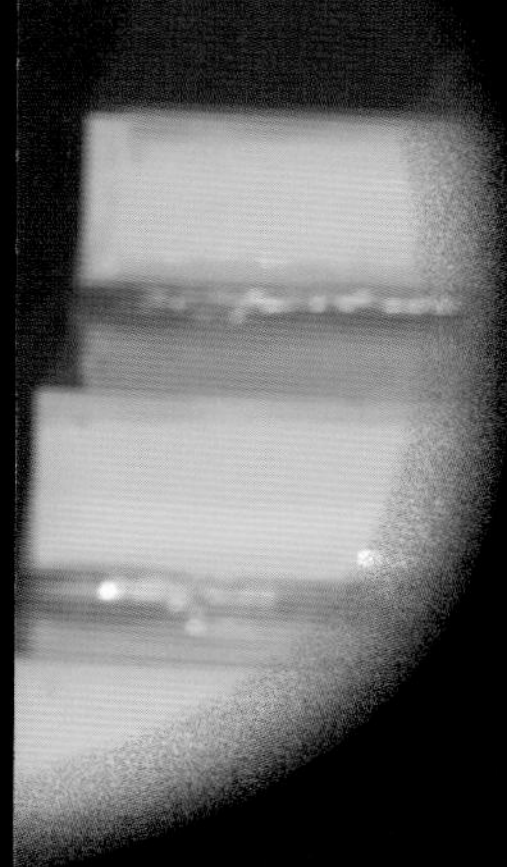

活動4年目に入り、何か楽しい演出をと考えていたところ、娘役の音羽美雨が「面白い曲があるので一度聴いてみて下さい」と連絡してきた。運命の出会いだった。その曲を使って何ができるかをみんなで考えて、2006年12月、あの「スイーツの時間」が誕生したのだ。そうそう、水面に小舟が浮かんでいるというオープニングで初めてドライアイスを使用した。白い煙が出過ぎて幕が開けたら舞台がかすんで全く見えなくなったことを今急に思い出した。

誕生！スイーツの時間

歌下手、劇下手、ダンス下手。
目指すのは、
底抜けに楽しい香りがぷんぷんする
決して枯れない
偽物の花。

平成20年度記念公演

心裸万象
～クリスマスには灯りを燈して～

2007年は私が公私共に忙しくたまたま公演がなかった。翌2008年の公演で待っている平民が大勢いることを知った（それから休まずに続けている）。非業の死を遂げた貴族の男（銀河祐）が恋人（音羽美雨）にどうしても伝えたいことがあり、郵便配達の男（あいざわ）の身体を借りて恋人に会う話。与えられた期間の1週間を知らせる、時の番人スジャータ（紅雅みすず）が登場し「スジャータが1週間ちょうどをお知らせします！」と言う瞬間を楽しみに書いた作品だ。恋人の女性には、フランス人名辞典で最も長い名前を探して名付けた。芝居の第一声が、あいざわ扮する郵便配達人の「マリーフランソワーズビクトワール様」だった。あいざわはこのセリフを見事に噛《か》んだ。

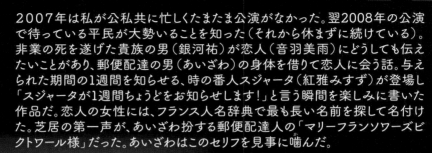

衣装をどこに、誰に、発注したらよいかもわからず何を血迷ったのか私は東京のとあるデザイナー事務所に連絡を取り、あいざわの衣装をオーダーした。「観客が懐中電灯で照らして光るようにしたいので、郵便マークを反射素材を使って股の下を通し、背中まで上げてください」と電話で伝えると先方は「ぶふっ、はい、ふははは、はい」と笑いを押し殺しながら聞いてくださった。そこは**有名アーティストの紅白の衣装**などを作っている事務所だった。

平成21年度記念公演

戯れ合いの果てに
～オスカール外伝～

7年目を迎えた2009年はホラーミステリー調のものを作りたくなったので、パリに実在した吸血夫人の話をアレンジし、吸血夫人の正体が実は夫のベレンガリア伯爵で、亡くなった妻のドレスを身につけるうちに女装にハマっていった戯れ事の果ての悲劇を書いた。使用人の男はその戯れ事に付き合ううちに女装をしている旦那様を愛してしまう。美しさの源である若い女の生き血を手に入れるため言われるままに殺人仕掛け人形を作り、殺りくの手助けをしてしまっていた。その屋敷に貴族の麗人オスカールたちが迷い込んで…。狂気は笑いと紙一重、と言う部分を惜しみなく前面に押し出した09の異色作品。
「時代はエゴじゃなくてエコなんだよ！」この一言をどこに入れようか
それればかり考えていた。

さあ、わたくしを
あの世につれておゆき！
これはただの
ハクサイ!!
場つなぎ
ボクたち
今年も

平成22年度記念公演

薔薇の溜息
〜朽ち墜ちてもなお〜

セシール（紅雅みすず）とミネット（音羽美雨）は貴族の美しい双子姉妹。ミネットは病弱で、セシールは健康だった。その2人が同じ人を好きになってしまい…という2010年のオリジナル作品。薄命のミネットのために身を引くセシール。2人の父親（あいざわ）は公爵のくせに戦場カメラマンとして、いや「船上カメラマン」として船に乗ってあまり帰ってこない。最後ミネットはセシールと彼の幸せを願いながら絶命する。劇中、風変わりな父親がとても素敵なセリフを語るシーンは胸が熱くなる…はずだったのに。あいざわのズボンのチャックが開いていて「え？わざと？演出？」と客席も大困惑。私はそんなストレートな演出はしない。あれは、事故だ。

なんだかわからないが盛大に笑って、
ついでに感動もして、
「どうして感動なんか
しちゃったんだろう」
と首を捻《ひね》りながら家に帰ってもらいたい。
狐につままれた時のように。

平成23年度記念公演

薔薇の悪戯

～それでも愛してくださいますか～

東日本大震災が起きた年だ。時が止まってしまった。2011年の春は、公演の実施を見送ろうと思っていた。多くの平民から「こんな年だからこそ愛とユーモアを」と背中を押してもらい、いつもと変わらない我々のステージをお届けすることにした。劇中にそっと鎮魂歌を忍ばせて。「あなたを愛している　どんなことが起ころうとも」「季節が流れ景色が様変わりしても私はあなたを忘れはしない」「時が過ぎてその姿が変わり果てても私はきっと見つけ出す」…。愛とユーモア、と言う言葉が空々しくならない生き方をしようと心に決めた。「その先」を与えられた命を全うしたい。

中小貴族版「美女と野獣」
ピアノに変えられた男、あいざわ。
客席から**悲鳴が上がっていた。**

野獣に変えられた姫。
魔法を解く呪文に悩んだ。
ある日天から降りてきた。
「てんどん、かつどん、どんどどーん」
野獣は美しい姫に戻った。
めでたしめでたし。

ちなみに魔法の呪文は
「ガストドンキーペペサーレ」
だった。

平成24年度記念公演

響奏の薔薇
～その翌日に極上の宴を～

活動10周年。サブタイトルの話を少し。この2012年の12月21日でマヤ暦が終わり人類は滅亡する！との都市伝説がまことしやかに囁かれており。だったら人類が滅亡すると言われている翌日に公演を予定して、「ほら、何にも起きなかったでしょう？そんな事いいから今日は存分に貴族の世界を楽しもうよ」と乾杯したいものだ、という思いを勝手に込めていたのだ（誰にも説明してこなかったけれど）。実際12月22日、23日に公演を実施。「その翌日」とは人類滅亡の日の次の日、「極上の宴《うたげ》」とは我々の公演を表していた、ということをここで説明してみた。
そして私たちは今も滅亡することなく生きている。

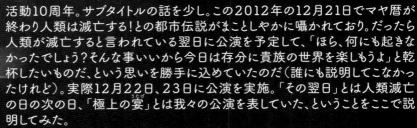

10周年の千秋楽、
これから先何年こんな事を続けていくのだろうと
彼らを眺めながらぼんやり考えていた。
そこから**結構続いているな、**
と今ぼんやり考えている。

平成25年度記念公演

孤高の麗人
～気高く咲き誇る白き薔薇たち～

活動11年、ここで再び「ベルばら」っぽいものをやろうかなと書いたのが、貴族で男装の麗人将校オスカール（紅雅）と彼女をお守りする平民部下のナンドレ（銀河）の悲恋物語。ナンドレの幼なじみマリエッタ（音羽）が田舎から出てきて3人の募る思いが交差する「中小貴族三角関係ロマンス」だ。あいざわはナンドレの親友アランを。マリエッタがパリで働くことになるパブの女主人オリビアを袋小路トマルがイキイキと演じた。2013年は朝ドラ「あまちゃん」が大流行り。マリエッタを東北弁のあまちゃん風味にしたところ、邪魔者的存在になりがちな恋のライバルは、誰かにとっては応援せずにいられない切なく愛おしい存在となった。音羽美雨の役づくりの成せる技。恐ろしい娘！

戦いのシーンで銃が必要だった。
お金がなかったから小道具の銃が買えなかった。
代わりになるものはないか？

そうだ、「布団たたき」が
あるじゃないか。

舞台ってそういうところが好き。
あの瞬間、迫真の演技が魔法をかけた。
布団たたきは「銃」にしか見えなかった。と、思う。

季節はクリスマスだからリアルチキンレッグ
（造形作家・吉住氏作）。
実はマラカスになっていて音が鳴る仕掛け。

①

②

③

④

平成26年度記念公演

オッペラ座の怪人

～闇に咲く漆黒の薔薇～

帝国劇場でやっているような大作を小さな劇場でやったらどうなるかな？と思い2014年に作った作品。大劇場での「オペラ座の怪人」は大きなシャンデリアが落ちるシーンが有名だが、それをはしょる事なく小劇場で「シャンデリア」を印象付けるにはどうしたらよいのか？…その結果がコレだった。この年の事件といえば、芝居のラストに怪人エリック（銀河祐）は腹違いの兄である劇場支配人のギャバン（紅雅みすず）にピストルで撃たれて絶命するのだが、そんな大切な場面の小道具を忘れて舞台に飛び出していった紅雅みすず。さあ、どうなったのか。その瞬間を捉えたリハーサルの写真と、本番の写真が偶然見つかったのでご覧あれ。

【リハーサル写真】
本来は「兄さんの手で怪人としての
最期を迎えたいんだ」
兄のギャバンはゆっくりと引き金を引く
切ないシーン。

【本番の写真】
ゆっくりと懐から出したのは
指で作った銃だった。
銀河様は「どうするんだよ?」と
責めるように紅雅様を見つめている。

あいざわが怪演した
インチキ作曲家
サムラゴーチス先生。
ざわついた。

大事なシーンで
あいざわのジャケットのボタンが弾けて
ポーンと飛んでいった。
台無し。

架空の年越しそばを貴族が湯切りし、
放り投げ、平民がお椀で受け取る
オールエアー演出。
嘘みたいに盛り上がり

こっちが困惑。

曲のラストに
本当の袋入り麺を一つだけ投げた。
会場のボルテージがピークを迎えた瞬間だ。
観劇後の**宴会で鍋に入れて**
食べた平民も。

平成27年度記念公演

ロミオとジュリエットと…
～甘く香る蒼き薔薇たち～

2015年は慣れ親しんだ小劇場での最後の公演となったのだが、この時の我々はそうなるとは思っておらず。当時チケットは発売と同時に即完売で、このような状況に喜びながらも、あいざわは「沖縄に移住するので出られません」、袋小路トマルは「大事な契約の仕事があり出られません」とそれぞれの事情で欠席に。いきなりのキャスト減かと思いきや、熱烈入団希望してきた他の国の貴族「観来灯足（ミギ・ヒダリ）」が現れて、彼女はその2穴を軽々と埋めた。結果女だらけの中小貴族たちが大爆笑と大感動の舞台をやってのけた。女性だけ…で…歌って踊る…？いや、やめておこう。

「バッチーン!!」と言いながら平手打ちするふりが貴族流。

このあいざわをモデルにしたジワる肖像画。
団員たちはシリアスなシーンで
絶対見ないように気をつけていた。

ジュリエットが将棋をたしなむシーンで
「駒をパチンと鳴らせるように」と伝えたら
達観した表情で音羽さんが
「…はい」とだけ応えた。

紅雅様はみずみずしい16歳のロミオを演じ、
銀河様は19歳の青年ティボルトを演じた。
まあまあキツイ設定だった。

ジュリエットはロミオが好き。
ロミオはティボルトが好き。
ティボルトはジュリエットが好き。
ジェンダーレスな物語を
この頃からやっていた。

音羽さんの御家芸
「タオルヌンチャク」が
誕生した記念すべき年である。
レビューアイテムの工事現場で使う誘導灯が
忘れ去られるほどの演舞だった。

貴族デビューした
「観来灯足（みぎ・ひだり）」さん、
喜びがダダ漏れ。

熱狂と興奮。
平民よ、そんなに撮ってどうするのだ？
これは翌日になってから
どうかしていた事に気づくパターンのやつだ。

平成28年度記念公演

響奏の薔薇2016
～道新ホールだヨ！全員集合！～

2016年は小劇場からホール公演となった年。と書くと何か節目を迎えランクアップしたかのようで聞こえがいいが、小劇場時代、期間中の最多公演数は5回。紅雅から「これ以上の回数はムリだ」と体力の限界を宣言され、ならば入場者数を増やして公演数を減らしたら、という結果がコレだった。ホールは広かった。客席後方まで走っていけないから席の種類を次のようにした。ただ観るだけの「A席」、ふれあいが可能な「F席」、絶対にあのスイーツが与えられる「Z席」、最前列お土産つきの「寿席」と、お高い席の方がより見返りがある、という公正なシステムを構築。これも大人のごっこ遊びの決まり事として平民たちに受け入れてもらっている。そういえば紅雅が平民に土下座したのもこの年だったな。ヒドイ失態を彼女は詫びたのだ。

宇宙の神と書いて
ソラノシン
未来から来た
オスカルン
運のいい子、
うんこ
女忍者
とぐる

夢を持って生きる
夢の太夫

うんこという役名に
会場がざわつくも、
「運も学もない母ちゃんが
運のいい子になるようにつけてくれた」
という歌で涙し、
感情が忙しいったらありゃしない。

極悪非道
お局様

ワケありの
田舎坊主
楽伝

あいざわが一番痩せていた頃の貴重な姿。ちゃんとリバウンドした。

オリンピックイヤーだったから鍋のフタで五輪を模したパフォーマンスを演出してみた。気に入っている。鍋は平民にプレゼント。半ば強制。

平民が回す09タオル。
発注した紅雅様が数を間違えて
緑のタオルが足りず
寿席の赤いタオルとで
会場がクリスマスカラーになるはず
だったのに、ただの紅白になってしまった。
紅雅様、初の道新ホールで

貴族土下座。

15周年記念公演

エリザベーーート！
～本物を知りたければ本物を見るがよい～
紅雅祭

15周年迎えた2017年は我らがツートップの1人、紅雅みすずの50祭でもあったので華々しく大作に挑んでみようかと選んだのが、この作品。ただし似て非なる物であることは「ベーーート！」の部分に集約した。エリザベーーート役はもちろん祭りの主役、紅雅だ。彼女は「私だけに」という名曲中の名曲を堂々と歌い上げた。いや、これは大変だったと思う。脚本演出をする時、大変だろうな、とか苦労をかけてしまうなと思っていたら書けなくなってしまうから考えずに書き進めるのだが、大抵すまないなっていう結果になる。でも「09らしく」やれてしまう所も想定内。

ご存知、無機質でクールな黄泉の帝王トート閣下を演じた銀河祐。
「エリザベート」はシリアスなのだが、そこは中小貴族の舞台だから色々とアレだった訳で。
最初から最後まで**「笑ってはいけない選手権」**のようでとてもつらかった
と当時を振り返っていた。さらに苦しんでいたのは、皇帝役のあいざわを相手に演じる
エリザベーーート役・紅雅みすず。彼とのデュエットの際に、じっと見つめられ、
必死に音探しをするあいざわに引っ張られないよう、リードしてゆくあの時間は
「地獄だった」と疲れ切っていた。我が団体では歌が得意ではない団員を
「音の旅人」と呼ぶ。その心は「正しい音を探して正しい音にたどり着けずにいる姿は、
まるでゴールのない長い旅に出ている人のよう」。流浪は続く。

エリザベーーートが
フランツ（オーストリア皇帝）から
プレゼントされた皇后となる
重圧の象徴である重たい首飾り。
それが**新巻鮭だったらこんな感じ。**

この公演から他の国の貴公子、
栄瑪ラルドさんが登場。
ルキーニを怪演し貴族デビューを果たした。

エリザベーーート幼少期「シシィ」をふくよかに演じた重珍ノエルさんが寿退団したのもこの年。センターに立つ姿は

貴族の風格。

あいざわ、

←ノってくると手がこうなる法則。

→おなじみ、音羽さんのタオルヌンチャク。ここで一気にレビューはヒートアップ。「**よっ、待ってました！**」の瞬間。

選ばれし平民は「みやげ」を持たされる。
もちろん袋などは与えられない。
ハダカで渡され手に持って帰らなくては
ならないというルールだ。

たとえそれが
遠方だとしても。

平成最終記念公演

スカーレットピンポンパーネル
～本物を知りたければ本物を見るがよい～
銀河祭

2018年は「銀河様50祭」ということで名作「スカーレットピンパーネル」の中小貴族版、「**スカーレットピンポンパーネル**」という迷作を書いてみた。ピンパー、ではない。ピンポンパーだ。前年に続きサブタイトルにはちゃんと～本物を知りたければ本物を見るがよい～と記し、平民が間違った方向で観に来てしまわないようリスクヘッジもはかってみた。我ながら完ペキな予防線だった。ただし、平民脳の人は「本物」の対象が貴族になってしまっている。否定はしない。

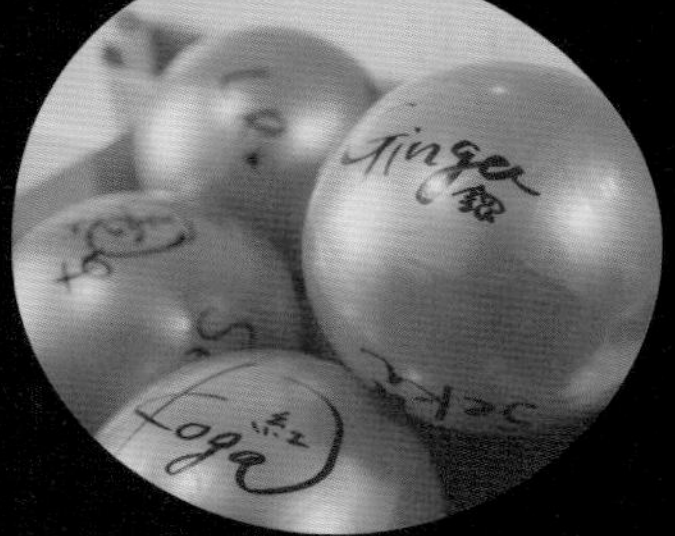

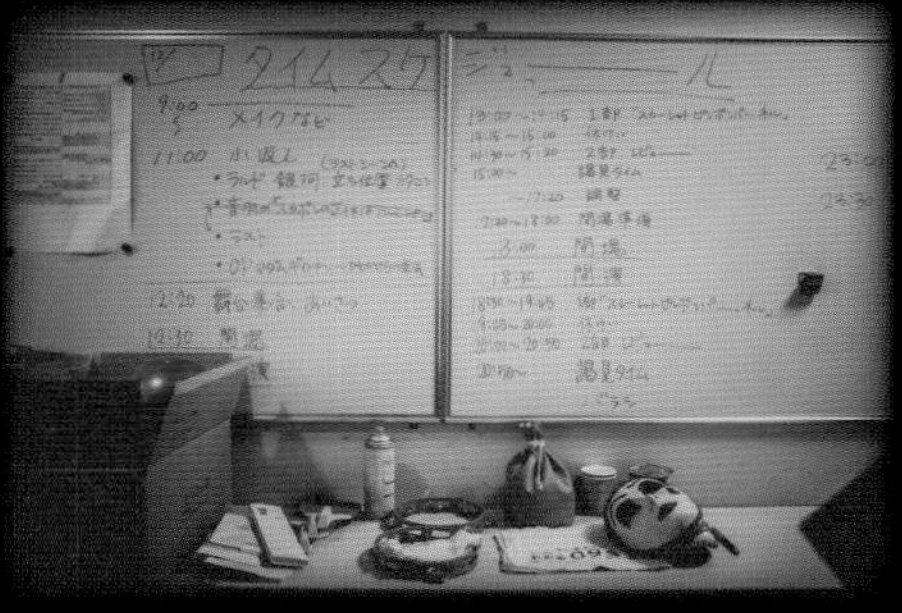

最前列の寿席では平民お手製のお祝い横断幕が掲げられ、会場は大盛り上がり。

ちなみに客席後方はA席（AudienceのA）、観るだけの放置席だ。気弱な新米平民は中小貴族の様子を後ろから眺め、徐々に慣らしてから前の席へと移動してくる。そう「**寿席**」という頂点を目指して。

何度となく
衣装替え、早着替えを強いられた
銀河様の楽屋での一言。

「これ、お祝いじゃなくて罰ゲームだろ」

レビューで餅つき演出とか。

新加入
星輝柚瑠さん登場！

脱いだ靴下を振り回しながら熱唱演出とか。

令和元年記念公演

眠れ 森の美女

あいざわ44（フォーティーフォー）祭

あいざわをプリンセスにしたらどうなるかな？そんな興味が湧いて書いた作品だ。他国で起きた【眠れる森の美女事件】を真似て跡取りの王子探しに奔走する貴族の家族模様を描いた「ワケありプリンセス婿取り物語」。王子役のキャストが足りなかったので平民の中から都度選ぶことに。それは「その時」まで知らされず芝居は進行してゆく。執事役の銀河と紅雅は幕が上がってから虎視眈々と、王子役を誰にしようか客席を舐めるように見つめ品定めをしていた。選ばれた平民は臆することなく素晴らしい王子っぷりを発揮して下さり、無事にハッピーエンド。その裏で2019年のレビューはかつてないほどの大事件が起きた。本当にひっくり返るほど驚いた。

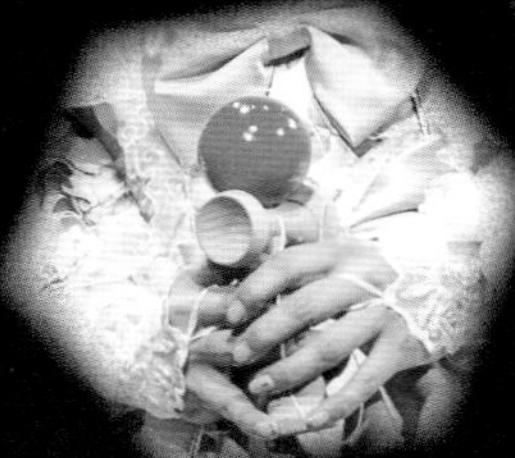

あいざわ演じるメロディ姫の普段着は
ピンクの特攻服にしたかった。
宮廷お針子GZにオーダーしたら
プリンセスらしい
ラブリーな特攻服が出来上がった。
時代設定は…中世の物語。

それがどうした？

と言う気概で演出している。

メロディ姫が子どもの頃から
一緒に寝ている**木彫りの熊。**
お母さんが愛情込めて掘ってくれた
熊の「ちゃまくん」。
観劇後、世の中の木彫りの熊たちは
大小問わず、平民から
「ちゃまくん」と呼ばれている。

SECRET REVUE SHOW
0931

あいざわ祭だったから
「あいざわの下の名前は享（とおる）だよ」
という歌を作り、団員の背中に
TORUの文字を貼り付けた特別衣装で
ダンスパフォーマンスを繰り広げた。
そこにいる全員に
「あいざわの下の名前はとおる」と
認識された瞬間だった。

あいざわの名前はTORUではなかった。
歌が出来、衣装が完成したある日、あいざわが
「ちょっとお話がありまして」と愛海の元に
やって来た。**「あのう…ボクの名前…
とおる、じゃなくて、たかし、なんです」**
と遠慮がちに告げてくるというとんでもない事件が
あったことをここに記しておきたい。
レビューの後のトークパートでこの事を説明し陳謝した。
その瞬間、会場全体がどよめき、
一拍おいて爆笑の大盛り上がりだった事も
ここに記しておきたい。ピンチはチャンス。

令和2年度記念公演

ロミオとジュリエットと…2020

～完全口パク飛沫対策舞台～音羽ひとり15周年祭

年明け早々とんでもないことが起きた。ウイルス感染問題だ。春先から続々と国内の舞台イベントは中止に追い込まれ、オリンピックも翌年の開催に。予定していた「平民友の会（2019年秋発足）」初のファンミーティングも断念。12月の公演は一体どうなってしまうのか全く予測ができない状態だった。「制約がある中、やれる事は何か？」を考えに考えた。行き着いた答えが「完全口パク飛沫対策舞台」。芝居パートは2015年の再演だが登場人物も増えてストーリーにも厚みが。残念だが座席は50％入場制限となりその大赤字を助成金で賄った。赤字と戦いながらの実施となりつらさと達成感が入り乱れた。平民の皆様の力強く温かい拍手とマスク越しの優しい眼差しを忘れない。団員たちも感無量の様子だった。

チケット半券
自らの手で
切り離し
こちらへ
しっかり消毒、
してくれ
たまへ

全編録音し音源完パケ作業は20時間。
白々と明ける東の空を眺めながら、
なんて世の中になってしまったのだろうと実感し、
この先**「出来ない事を嘆かず、**
やれる事を精いっぱいやる」。そう誓った。

団員たちは公演の1カ月前に
本番当日のクオリティーを
「声だけで」叩き出さねばならず
大変だったと思う。
しかし、その出来は驚くほど素晴らしかった。
中小貴族の底力を見た。

↑あいざわは地方公演で
大事な小道具のナイフを仕込み忘れた。
嘘でしょ？と声になって出た。
だが一番そう言いたかったのは
目の前で一部始終を目撃していた
紅雅様に違いない。

「愛の妖精」を演じるラルド様。
オープニング、舞台に1人可憐に立つ姿を
舞台袖から眺めていた他の団員たちは思わず
「か、可愛い」とつぶやいたとか。

音羽美雨ひとり15周年。
彼女の凄さは本番での腹の括り方だと思う。
しかも悪ノリしない。和太鼓を楽屋裏で
1人黙々と叩いていた姿、
めっぽう男前だった。
信頼に値する役者だ。

令和3年度記念公演

シン・デレラ

星輝444祭

2021年、日本では「シン・ゴジラ」に続き「シン・エヴァンゲリオン」「シン・仮面ライダー」「シン・ウルトラマン」と、「シン」だらけ。この期の公演はシンデレラをモチーフにした09らしいおとぎ話を作ろうと思っていたので、タイトルは迷いなく「シン・デレラ」。自分のことが大嫌いな見た目も中身も個性派のヒロイン「デレイラ」を娘役の星輝柚瑠が縦横無尽に演じた。星輝は**44**歳、貴族**4**年生ということで「星輝**444**（トリプルフォー）祭」が裏テーマ。コロナウイルス対応継続で2度目の「完全口パク飛沫対策舞台」だったが座席は50％から100％開放に修正された。舞台芸術は舞台と客席が共に在ってこそ完成するエンタメだと思っている。ご来場下さった平民に感謝しかない。

舞台上の「花咲き乱れる庭設定」を
「開店祝いの花輪」で
表現できるのも舞台ならでは。

これらは1台1万円の献上品で献上平民の名入り。大変ありがたい感じの「庭園」となった。

デレイラが見つけた
ワクワクするもの。
それは東洋の伝統芸能
「南京玉すだれ」だった、
というお話。

デレイラ役の星輝柚瑠は、
この設定が決まったのと同時期に偶然にも
南京玉すだれの講習を受けに行っていたのだとか。
愉快なシンクロニシティである。

だって　でも　どうせ
だって　でも　どうせ
君はそれしか言わないけれど
そんな言葉なんかポイしてごらん
暗い部屋の窓を開けてごらん
空を仰いでこう叫ぶんだ　「自分て最高！」

シン・デレイラ　シン・デレイラ　シン・デレイラ
新しいデレイラに祝福を
パパが魔法をかけてあげよう
〜人生って奴は君が思うほど悪くないよ〜

シン・デレイラ　シン・デレイラ　シン・デレイラ
新しい「あなた」に祝福を　僕が魔法をかけてあげよう
〜人生って奴は　君が思うほど悪くないさ〜
ほら笑ってごらん　空を仰いで
こう叫ぶんだ「自分って最高！」　LaLa LaLa LaLa…
「自分ってサイコ〜〜〜〜〜〜ッ！」

人生ってやつは君が思うほど悪くないさ

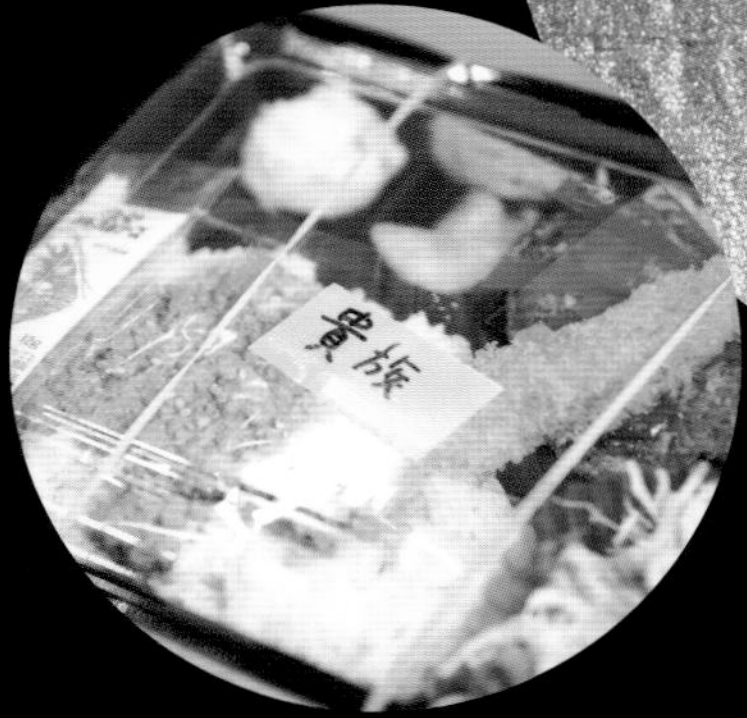

銀河様と紅雅様の
「あたまポンポン」に何か
特別な力があるとは思えないが、
平民たちは一様に目を閉じ手を
合わせるという
「ご利益を授かる」的な光景も。

シークレット歌劇團0931平民友の会

ファンミーティング「逢瀬」2022

2019年秋に発足した公式ファンクラブ「平民友の会」。その後コロナ禍でファンの集いができない状況となり、ファンクラブの会員特典であるファンミーティングで貴族と親密な時間を過ごすことが難しくなってしまった。発足から3年目の2022年、ついに初のファンミーティングを開催することができた。場所は札幌プリンスホテル国際館パミール。豪華な茶話会となった。前半は平民たちからの質問をテーマに7人がトーク。後半はそれぞれの団員と15秒ずつマンツーマンで話が出来る「逢瀬タイム」が設けられ、大いに盛り上がった。一人一人としっかり目を合わせ、言葉を交わし心を通わせる瞬間は、何より団員たちが喜びを感じ、力を頂ける時間であった。

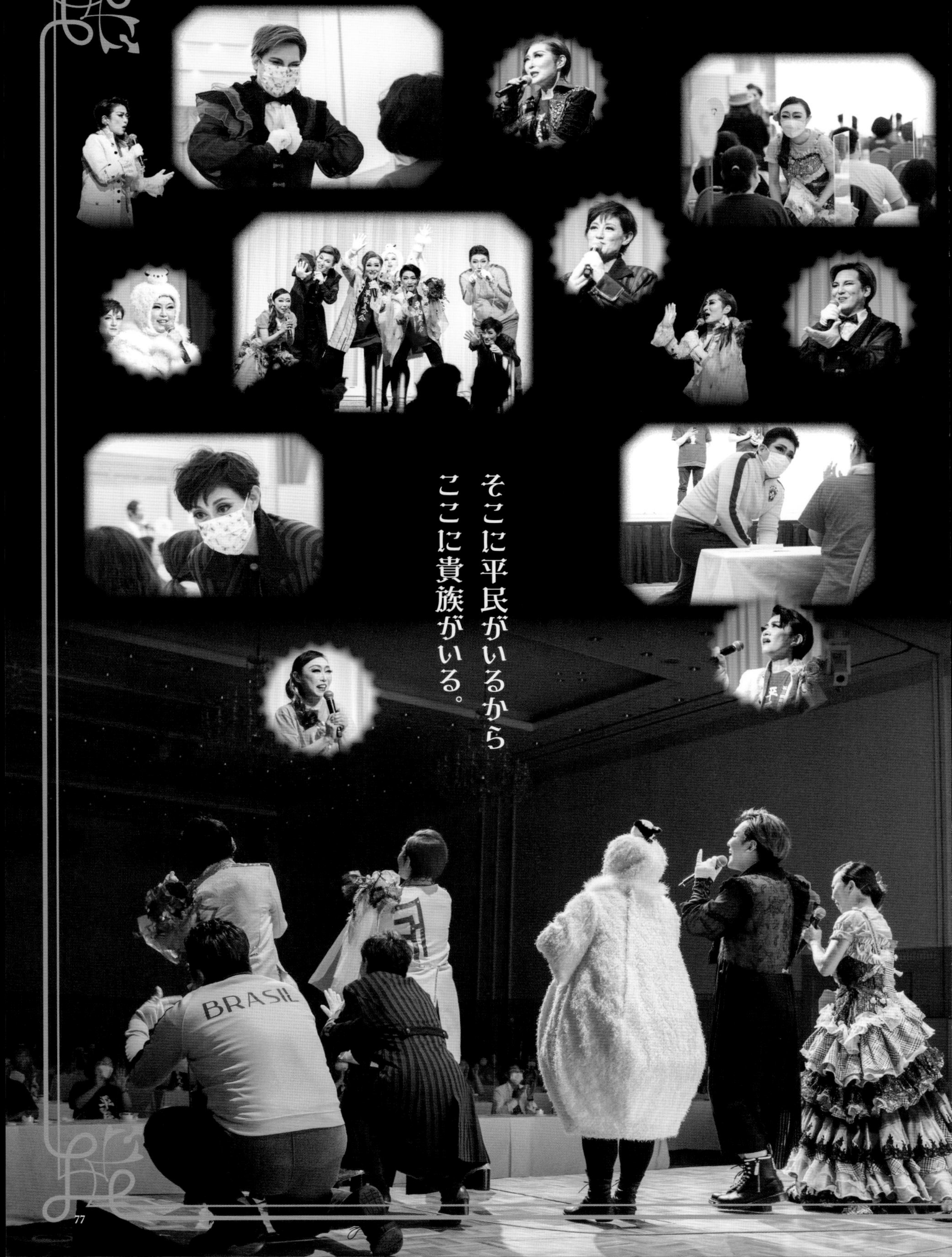

そこに平民がいるから
ここに貴族がいる。

それ、貴族に

ここまで聞かれたことがあっただろうか
ここまで深く掘り下げたことがあっただろうか
ここまで長く語ったことがあっただろうか

聞いてみよう

これは平民へのラブレターのようであり
これは仲間へのラブレターのようであり
これは自分たちの貴族宣言のようでもあり

それ、貴族に聞いてみよう①

シークレット歌劇團
0931の太陽

紅雅《こうが》みすず

Q　入団のきっかけや入団時のエピソードを教えてください

イベントを企画する友人から銀河と紅雅２人で20分の持ち時間で何かやってみないか?と持ちかけられ、"ベルばら"風の可笑しな寸劇をやったのが始まり。当時は自分たちの衣装があるはずもなく、いつも「札幌衣装」でレンタル。札幌衣装の社長にはお世話になったなー。

Q　自分にとって平民の存在とは?

栄養満点のフカフカな土のような存在。自由に根を張らせてくれ、毎年栄養を与えてくれる、身体を支えてくれるとあったかい、ありがたい大地のような存在。

Q　他の団員の強烈な記憶はありますか?

銀河のヘッドセットマイクが舞台裏でバラバラになって装着できなくなった時、咄嗟《とっさ》に黒いガムテープで顔に直接マイクを貼り付け、ゴルゴ13みたいなもみあげ風に作り上げ、何事もなかったように颯爽と舞台に向かった姿に男気を感じた。あれ、本当にカッコよかったんだよね。

Q　どの作品が好きですか?または印象に残っていますか?

２０１０年「薔薇の溜息」～朽ち墜ちてもなお～。

私と銀河が結婚式を挙げるラストシーンで、あいざわが神父役を務めた時、あいざわのズボンのチャックが全開になっていた。あいざわは皆より高い位置に立ってこちらを向いているので、我々の目線は強制的に「そこ」になる。当時は小劇場シアターＺＯＯだったから平民からもばっちり見える。会場がざわつく中のシリアスシーンは忘れられない。見事な窓の開き具合は今でも思い出しては吹き出してしまう。

Q　09の舞台で好きなセリフは?または好きなシーンは?

好きなセリフは「時代はエゴじゃなくエコだ!」
好きなシーンは、『響奏の薔薇』でオスカルンが宇宙へ帰る時、「♪はじめて会ったその時からから」と歌いながらロングの金髪をゆっくり剥ぎ取り、ハゲヅラを見せつけるシーンが好き。剥ぎ取る練習いっぱいしたなー。

Q 他の団員になれるなら誰になってみたいですか?

あいざわ以外全員。

Q 平民へメッセージをお願いします。

いつも一緒に楽しんでくれてありがとう。みんながいてくれるから今がある。同じ時代に生まれてくれてありがとう。

Q 今だから言える、本番でのやばかったこと

小道具忘れたり、セリフ一瞬真っ白になって忘れたりと一通りあるけど、2011年「薔薇の悪戯〜それでも愛してくださいますか〜」で銀河とのピアノ連弾シーン、あれは震えたね。銀河は初見でもピアノすらすら弾けちゃうけど、私は中1でやめたクチ。12月の公演のため、4月から勝手に手が動いてくれるよう毎日練習を続けた。ピアノを奏でる事で物語が完結するという大事なシーン。いざ本番。しかし!アップライトに見立てた電子ピアノのコードがうまく刺さっておらず音が鳴らないというアクシデント。顔ハメ看板のようなスタイルでピアノから顔を出したあいざわと音羽との芝居は続いている。これはピアノを弾かずにストーリーを紡がなければならないのか!当時は舞台上への道具の出し入れは我々団員が自らやっていた。自分たちで何とかするしかない。銀河は動いた。客席から見えない舞台上の暗闇の中、ピアノの裏側からあいざわの身体の横に銀河が手を伸ばし、外れたジャックを震えながらイン。入った。2人で無事演奏できた時、音が鳴った歓びは忘れられない。あの時の銀河もカッコよかったなー。

Q シークレット歌劇團0931についてどう思っていますか?

こんなに長く続けることになろうとは思ってもいなかったな。気づけば20年。毎年面白い出会いがあり、ミラクルが起こる。1人じゃ体感できないドキドキをこのメンバーだから味わえる。自分の人生をかなり押し上げてくれた存在かな。いい距離感で良き付き合いを長く続けてる親戚みたいな感じかなー。

Q これまでの公演で好きだった役、今後やってみたい役は?

2008年の作品でやった「時の番人スジャータ」の役。街で「スジャータ」のトラックを見かける度に思い出すんだ。恋人役の銀河と音羽がもう二度と会うことが出来なくなる時間が迫ってきて最後のハグ。会場からもすすり泣く声が広がり悲しみのピークに達した時だ。「♪スジャータ、スジャータ、香り広がるスジャータ〜」「スジャータが◯時をお知らせします」と別れの時間を告げる役だった。涙分断。悲しみ切断。シーン割り込み。平民には申し訳なかったけど、あの役好きだったな。

Q 今までで一番嬉しかったことは何ですか?

15周年の公演の時、銀河と紅雅だけにシークレットで会場の平民たちとスタッフに祝福してもらった時。あれは泣けた。

(愛海:紅雅さん、それは10周年です。笑)

Q

舞台上でのあなたの強みは何ですか？

暗転になって何にも見えなくなっても、誰かが手をひいて袖まで誘ってくれる。

Q

本番前のルーティンあったら教えてください

メロンパンを食べる。

Q

団員、主宰、関係者、1人選んでその人に言いたいことは？

愛海さま。セリフ短めでお願いします。カタカナも減らしてください。

Q

入団する前の自分に会ったら何て言ってあげたい？

随分と楽しい50代になってるよ。今よりもっと笑ってるよ。

Q

それぞれの団員を動物に例えると？

銀河　ヒョウ
音羽　カピバラ
あいざわ　大熊猫
観来　フラミンゴ
星輝　シマエナガ
ラルド　ギンギツネ
紅雅　プレーリードック

Q

今気になっていることは？

金継ぎ。落ち着いたら教室にも通ってみたいと思っている。いつか自分で施そうと、欠けてしまったお気に入りの器を大切にため込んでいる。

Q

どの団員に何を感謝したいですか？

もちろん全員に感謝してる。最年長の私にみんな優しい。新しい靴下のタグをハサミで切って靴下まで切って穴を開ければ丁寧に縫ってくれる観来さん。上手くつけまつげがつけられず、てんやわんやしていると「トップ貸して下さい」と一発で決め位置につけてくれる音羽さん。足がつって悲鳴をあげたらふっくらした小さな手で丁寧にマッサージしてくれる星輝ちゃん。歌のレッスン後も帰り道一緒に歌ってくれ教えてくれるラルド。毎回完成度がバラバラな私のメイクの出来に必ず「きれいだよ」と言ってくれる銀河。そこにいてくれるだけで何だか楽しくなるあいざわ。良い仲間に恵まれてホント幸せ。いつもありがとう。

Q

この20年であなたの中で大きく変わったところは？

シワ、たるみ。これは致し方ない。体力。これも致し方ない。そんなことよりも「平民の笑顔が見たい。心から楽しんで欲しい」という平民への気持ちがどんどん強くなってきている。

Q 入団のきっかけや入団時のエピソードは？

イベントやるから出てくれない？と言われたのが始まりだったような。シークレット歌劇團０９３１の創設前の話かな、これは。始まりってこんなに記憶ないものかね？気づいたらこんなことになってたんだよね。

Q 自分にとって平民の存在とは？

「銀河祐」の一部。平民がいなくなったら、銀河祐は終わりだと思ってる。

Q この20年であなたの中で大きく変わったところは？

それはもう老化が進んだよね。先に紅雅さんがあっち痛い、こっち痛い、ここの調子が悪いとか言い出して。いつもそれを笑って見てるんだけど、1年後とかに必ず自分も同じようにそこが調子悪くなったりして。人間ってみんなこうやって古くなっていくんだなって実感して。別に嫌じゃないけどね。抗ってもいないし。自分を大事にしながら受け入れる所存。

Q どの団員に何を感謝したいですか？

全員に、ここにいてくれてありがとうと言いたい。だってあの人たち普通じゃないじゃない？なんだろう、個性強過ぎる

それ、貴族に聞いてみよう②

シークレット歌劇團0931の月光
銀《ぎん》河《が》祐《ゆう》

のに7人そろうとバランスが取れてて。1人でも欠けたら崩れちゃうんじゃないかなってくらい絶妙だと思ってる。

Q

今気になっていることは？

メタバースの世界観。あそこでだったら老化も気にせず元気に活動できるなあ、とか。

Q

09の舞台で好きなセリフは？または好きなシーンは？

2004年初めての単独公演を講堂のある教会でやったんだけど、ホンモノの十字架の前で紅雅さんが口から軽快に国旗を出してるのを見て、その冒涜《ぼうとく》感が堪らなく可笑しくて、シリアスなシーンだったんだけど自分の目だけは嬉々として気色張ってたと思う。ほんと今思い出しても、笑いが込み上げてくるシーンだよね、大好き。

Q

それぞれの団員を動物に例えると？

紅雅、マルチーズ。
銀河、豹。
音羽、ロッキーチャック。
あいざわ、お調子者の猿。
星輝、シマエナガ。
ラルド、ユニコーン。
観来、インパラ。

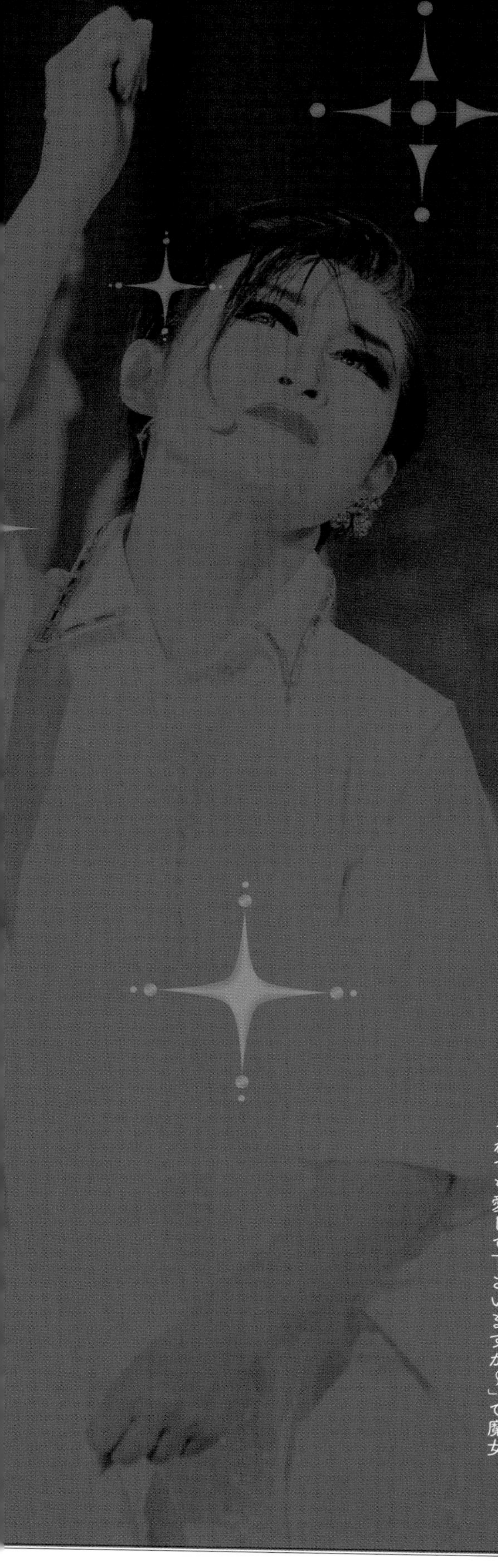

Q 入団する前の自分に会ったら何て言ってあげたい？
オマエ、50歳超えても羽根背負って踊ってるような人生だよ。

Q 団員、主宰、関係者、1人選んでその人に言いたいことは？
ラルドへ「今痩せないと、ますます体重落とせなくなるから」

Q 舞台上でのあなたの強みは何ですか？
セリフや歌詞を忘れてもひるむことなく、堂々と舞台に立っていられること。

Q 本番前のルーティンあったら教えてください
オープニングVTRが始まったら舞台袖に行って会場の平民たちが笑ったり、ざわめいたりしている音を聞くこと。その音でこれからこの舞台を観る平民の気持ちになれるから。あと、暗がりの中でスタンバイしている中小貴族団体スタッフたちにそっと近づいてよろしく、と言って歩く。点を線で繋いで輪にして本番に挑む、みたいな儀式。

Q 今までで一番嬉しかったことは何ですか？
平民に「会えて嬉しいです」と言われた時。会いたいと思ってもらえることに幸せを感じる。あと、自分たちが楽屋でバタバタしている時、舞台周りやロビー周りで中小貴族団体のスタッフが人知れずやってくれている事を垣間見たりする時ぐわあああっと胸が熱くなる。あんな感情を体感できる幸せったらない。

Q これまでの公演で好きだった役、今後やってみたい役は？
音羽が演じた「ジュリエット」。百面相っていうのかな、テンションがくるくる変わって本当に愛らしくていつまでも見ていたかった。自分がやってみたい役はピーターパンになって空を飛びたい。

Q 他の団員になれるなら誰になってみたいですか？
星輝柚瑠になってあのシマエナガの衣装を着てみたい。

Q 他の団員の強烈な記憶はありますか？
寿卒団した重珍ノエルさんが、ドーンと下に落ちて、ブーンと元に戻ってきた時のことかな。彼女が「薔薇の悪戯～それでも愛して下さいますか～」で魔女

レディーガガの役をやった時、袖に2人ではけた直後のことは強烈に覚えている。奥に楽屋があって、舞台を高く組んでいたから楽屋に降りる階段がついていたのね。目の前でノエちゃんが、その階段を踏み外しドーンと頭から落ちていって。いきなり視界から消えていった時には「救急車」と頭によぎり、すぐに幕を下ろそうと思った。落ちていくノエちゃんを見てるのは銀河だけ。だから舞台を止めなくては、と思った瞬間、ドーンと落ちて、ブーンと戻ってきたの。ありえない。小声で「だ、大丈夫か?」と言う銀河の問いかけにかぶせるように「大丈夫です」と走り去り、気づいた時には舞台中央で予定通り決め台詞を叫び、「ひーっひっひっひっ!」と高笑いしていた。すげー、何が起きてるんだ?としばらく呆然と眺めていた。ご本人曰く「何かに支えられて押し返してもらって助かりました」って。そんなこと、あるんだねって話。

Q

シークレット歌劇團0931についてどう思っていますか?

20年もこんなこと続けてこられたんだと思うと、社会って優しいなって思う。でもって平民はもっと優しいなって思う。自分にとって、これが人生のミッションだったんだなと思うと、笑うしかないよね。

Q

どの作品が好きですか?または印象に残っていますか?

「眠れ森の美女」のオープニングシーンが美し過ぎて、これだけは平民になって客席で眺めてみたい、と思っている。叶わないけど。

Q

今だから言える、本番でのやばかったこと

小劇場時代、銀河が歌詞を忘れて適当に歌ったことで紅雅と歌詞がズレた時、終わった後知り合いの平民が紅雅に「あの時、歌詞を間違えたでしょう?どんまい!」と紅雅のミスになっていたこと。「ごめんな」って今でも思ってる(笑)。

Q

平民へのメッセージをお願いします

歌の歌詞じゃないけど「愛してる君には、僕のこの気持ち、わかるだろ?」ってことで。これからも一緒に大人のごっこ遊びを楽しもう。棺おけにダイブする瞬間、思い出して欲しい。こんな楽しい日々が自分にはあったんだって。銀河もそうするから。

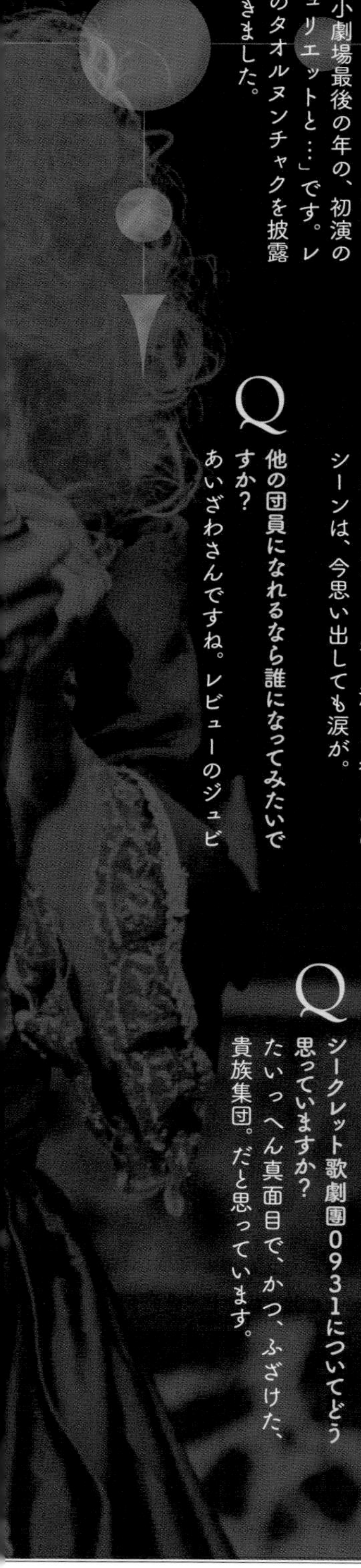

Q 入団のきっかけや入団時のエピソードを教えてください

とあるバーに友人から「相談事がある」と呼び出され、心配すぎてダッシュで向かうとそこには、野ウサギを狙うチーターの如き眼差しのツートップがいらっしゃいました。やられた、と思いましたよ。気づけば1カ月後には、ドレスを着てプロマイド写真の撮影をしておりました。

Q 自分にとって平民の存在とは？

音羽の中の貴族魂に火をつけてくれる、なくてはならない存在です。なくてはならない、米水（コメスイ）くらいに。

Q 他の団員の強烈な記憶はありますか？

後世に語り継がれるほどの潔さであった、紅雅様の土下座、でしょうか。道新ホールでのZ席用の御多織るの発注を誤った紅雅様が、ステージ上から平民に陳謝されたアレでございます。

Q どの作品が好きですか？または印象に残っていますか？

印象的なのは小劇場最後の年の、初演の「ロミオとジュリエットと…」です。レビューで、初のタオルヌンチャクを披露させていただきました。

それ、貴族に聞いてみよう③

万年新人娘役という名のベテラン

音羽美雨《おとはみう》

Q 09の舞台で好きなセリフは？または好きなシーンは？

好きなセリフは、初期の頃の作品での、紅雅様のセリフで「いやはや、雨に降られてドブネズミ」です。ドブネズミ！とつぶ立てて、ドヤ顔で言う紅雅様が今でも忘れられません。あと、観来灯足さんがロベスピエールを演じた時の「俺のことロベピって呼んでもいいぞ」ですね。ブラピとかけてロベピって！ウケる！と毎回心の中で1人ツッコミしておりました。好きなシーンは、響奏の薔薇の後半シーン。らくでん（あいざわさん）の事を母上の仇《かたき》と知って、感情がぐちゃぐちゃになって泣き崩れるソラノシン（銀河様）に、みんなが言葉はないけれどポツリポツリと寄り添って行くあのシーンは、今思い出しても涙が。

Q 他の団員になれるなら誰になってみたいですか？

あいざわさんですね。レビューのジュビレーション後半での、あいざわさんのトランスダンス、憧れます。御稽古場で真似してみたこともありますが、全然出来ないんですっ。

Q 平民へメッセージをお願いします

いつも心に、「愛とユーモアと貴族」を抱いて下さって本当にありがとうございます。これからもどうぞよろしくお願い申し上げます。

Q 今だから言える、本番でのやばかったこと

2017年「エリザベーーート！」公演時に、エリザベート（紅雅様）とその夫フランツ（あいざわさん）がキスをする直前に、舞台袖から、お母様役の音羽が、キッカケ台詞として「フランツ！早くいらっしゃい！」と言って、2人はキス寸前で離れる、というシーンがございましたが。はい！昼公演時、その台詞、言い忘れました！思い出して、慌てて叫ぶ様にしてセリフを言いましたが、危うく2人を平民の面前でキスさせるところでした。やばいやばい。

Q シークレット歌劇團0931についてどう思っていますか？

たいっへん真面目で、かつ、ふざけた、貴族集団。だと思っています。

Q 今までで一番嬉しかったことは何ですか？

音羽祭で、淡い希望であった「更紗着て和太鼓」を、あんなにもステキな演出と歌唱で叶えさせていただけた事ですね。愛海さん！ありがとうございます！

Q 舞台上でのあなたの強みは何ですか？

舞台袖から平民の皆様の前に出たが最後、何が起こってもなんとかなるさ！さぁ、いきますよぉっ！という「開き直り度」でしょうか。

Q 団員、主宰、関係者、1人選んでその人に言いたいことは？

星輝ちゃん！痩せちゃわないでねっ！LOVE &キープ！

Q 入団する前の自分に会ったら何て言ってあげたい？

「かなりひょんなことになるから、貴族、やってみ」かしら。

Q それぞれの団員を動物に例えると？

銀河様　鷹
紅雅様　カモシカ
音羽　カピバラ
あいざわさん　セントバーナード
星輝ちゃん　シマエナガ
栄瑪ラルドくん　孔雀
観来ちゃん　フラミンゴ

Q 今気になっていることは？

タオルヌンチャクの速度アップと、「二の腕」のシェイプ。でつ。

Q どの団員に何を感謝したいですか？

んー。メンバー全員にそれぞれ感謝するところが沢山沢山あるからなぁ。あ、でも、なんだかんだ申しましても、やはり、ずぅーっと音羽の手を離さず、でも常に先頭を走り続けて下さっているツートップには、この場を借りて「ありがとうございます！」と伝えたいですね。これからも、程よい甘やかしを、お願いします。

Q この20年であなたの中で大きく変わったところは？

あら、これはステキな問いでございますわね。それはそれは、大きく変わりましたよ！貴族になり、何事も力まず、良い感じに前向きに、時にはのんきに、小さなことを心配し過ぎず、いい意味でテキトーというか、力を抜くところは抜けるようになりました。その分、ここはやらねばならぬ！という時のためにパワーを温存できるようになったり。本当に一緒に、笑って笑って笑って笑いたおして来てくれた平民の皆さんの愛のおかげで、一皮も二皮も脱皮できました。

それ、貴族に聞いてみよう④

みんなのシマエナガ

星輝柚瑠《せきゆずる》

Q 入団のきっかけや入団時のエピソードを教えてください

重珍ノエルさんが退団され、同じような体形という事で主宰愛海さんのお眼鏡にかないました。ノエルさんから、ヘッドセットのバッテリー入れの袋つきベルトを引き継ぎまして（ベルトサイズ、ピッタリフィット）、まるでガラスの靴が入ってしまったかのように「ついに見つかった！」と愛海さんに言っていただき、平民から中小貴族となりました。09ネームを頂く際、団員の皆さんが画数大吉のお名前を考えて下さり、様々な候補から紅雅さんご提案「星輝柚瑠（せきゆずる）」が面白く、キラキラと素敵だったため、こちらを使わせていただいています。

Q 自分にとって平民の存在とは？

愛の存在。09ごっこ遊びのルールを守り、『愛とユーモア』の世界を、共に作りあげる存在。

Q この20年であなたの中で大きく変わったところは？

体型

Q 他の団員の強烈な記憶は？

音羽美雨さんのタオルヌンチャクですが、手元を縛った時と縛ってない時ではスピードが違う！との音羽さんのお話に、団員全員が「そんなまさか！」と言いましたら、宮廷音響師の安鼓織響（アンコール　ヒビキ）さんは、その違いに気づいており、驚愕《きょうがく》致しました。確かに、後で映像観ましたら違いが分かりましたが、コンマ1秒の世界で戦っている、音羽さんと響さんの体感や目は違うなと思いました。

Q どの作品が好きですか？または印象に残っていますか？

やはり主役を頂きました『シン・デレラ』が一番の思い出であり、好きな作品でございます。

Q 09の舞台で好きなセリフは？または好きなシーンは？

『眠れ 森の美女』のメロディ姫が異母妹に対して、【ローズ。あなたは本当に可愛いわ。超可愛い。だから、私のように、なし崩し的に王子を迎えるのではなくて、素敵な恋愛をしなさいな！誰かを好きになって、その殿方に愛されてこの人と添い遂げたい、と言う方と結婚しなさいな！】というセリフ。色んな感情が入り乱れる強烈な台詞だと思います。

Q 他の団員になれるなら誰になってみたいですか？

あいざわさん。あいざわさんの思考は不思議なので、一度、経験してみたいです。

Q 平民へメッセージをお願いします

愛しております。日々を頑張り、貴族の公演やイベントに元気にお顔を見せて下さり、ありがとうございます。貴族も平民も、共に元気に、末永く互いを労い、讃え合いましょう。そして輝く未来へ進んで参りましょう

Q 今だから言える、本番でのやばかったこと

初めて09舞台へ立った日に、2ステージ目のレビューショー時、序盤から足に違和感を感じておりました。あと5秒同じ体勢が続きましたら、完全に動けなくなると感じた時、冷や汗が出ました。

Q シークレット歌劇團0931についてどう思っていますか？

平民の時も、貴族になってからも、わたくしはずっと団員の皆さんのファンでございます。嫉妬さえも出来ない突き抜けた才能を目の当たりにする日々は、かけがえがなく、わたくしも客席で観たい！と思う事が度々ございます。どの方も舞台に立った時の煌めきに毎回ハッ！と致します。そして中小貴族団体のナカノヒトビトのプロ仕事は見事なものでございます。常に平民の喜びを考えながら動いてらっしゃる姿に感動致します。

Q これまでの公演で好きだった役、今後やってみたい役は？

『シン・デレラ』のデレイラです。やってみたいのはモテモテの王様。

Q 今までで一番嬉しかったことは何ですか？

公演にて、平民と共に歓喜に包まれた瞬間を味わった時です。

Q 舞台上でのあなたの強みは何ですか？

お芝居パートでの「場つなぎ」、調整の役目と思っております。前段階のジャブ打ちや、全体ならし。そして外側はほんわかキャラに見える所。実は違いますけれど。ふふ。

Q 本番前のルーティンあったら教えてください

舞台袖より、平民と同じ空間でオープニング映像を観て、平民の声を聴いております。舞台袖のうす暗さが好きです。

Q 団員、主宰、関係者、1人選んでその人に言いたいことは？

音羽さんへ。70代、80代になっても、音羽さんのタオルヌンチャクが見たいです。たとえ舞台公演が無くなったとしても、忘年会や年末年始の宴会などで、いつまでもあの勇姿が見られたら、この上ない幸せでございます。

Q 貴族になる前の自分に会ったら何て言ってあげたい？

「本当に大丈夫ですか？ついていけますか？」と、もう一度、確認したいです。この団体はかなり斜め上を行くため、理解が追いつかない事も多く、団員の皆さんのオモシロスピードも速いので最初は度肝抜かれました。これまでの20年を超えて来た皆さんの武勇伝を聞きましたら色々と納得致しました。今は少し、慣れました。

Q それぞれの団員を動物に例えると？

銀河さん→アンダルシアンホース
紅雅さん→イルカ
あいざわさん→ホッキョクグマ
音羽美雨さん→チンチラ
栄瑪ラルドさん→鹿
観来灯足さん→クアッカワラビー
星輝→シマエナガ

Q 今気になっていることは？

銀河さん、紅雅さんの健康。

Q どの団員に何を感謝したいですか？

それはもう団員全員に感謝でございますの言葉以外に見つかりません。いつも誰かが誰かを見ており、思い合い、お互いに支え合う関係でございます。

それ、貴族に聞いてみよう⑤

他の国の貴族

観《み》来《ぎ》灯《ひだ》足《り》

Q 入団のきっかけや入団時のエピソードを教えてください

そもそもわたくしも平民でございまして（笑）。客席から、中小貴族団体の皆様からの愛とユーモアを胸いっぱい受け止めておりましたが、それだけでは飽き足らず、この団体の一員となって愛とユーモアを平民に届けたい、いや、平民と一丸となって愛とユーモアを堪能したい！という欲望がふつふつと湧き上がってしまいました。入団を希望した際、愛海様からは「正気か？」と問われましたが（笑）。正気も正気。勇気をもって初めての告白くらい正気でございましたよ。初めて稽古場を訪れた際、緊張で凝り固まったわたくしを銀河様、紅雅様、音羽様、退団されたノエル様が愛とユーモアで迎えてくださり、勇気をもって飛び込んでよかった！と思った次第です。あ、この年あいざわさんは沖縄暮らしで不参加のためお会いできず、悲しかったことも覚えております。

Q 自分にとって平民の存在とは？

わたくしにとっての平民は、平民にとっての中小貴族のような存在です。

Q 他の団員の強烈な記憶は？

初めて音羽さんにお会いした際、可憐でシャイで可愛らしかったこと。すごくすごくたくさん幸せそうに日本酒を飲まれていたこと。お酒好きのわたしは、負けたと思いました。

Q どの作品が好きですか？または印象に残っていますか？

やはり初めて参加させていただいた、平成27年度公演『ロミオとジュリエットと…』〜甘く香る蒼き薔薇たち〜ですね。勝手がわからないながらも団員の皆様のお導きでシアターＺＯＯでの５回公演をやりきりました。女５人で客席を笑いの渦に出来たのが嬉しかった！しかしながら、歌うことがこんなに難しいとは…！しかも銀河さんとのデュエット。迷惑をおかけするわけにはいかない！でもでも、なかなか高音を出すことができなくて。レッスンを重ねて初めて出せた時は泣きましたね…。本番は音を外さないか、歌詞を間違えないか毎回ドキドキでした。できれば、あんまり歌いたくないです（笑）。

Q ０９の舞台で好きなセリフは？または好きなシーンは？

『響奏の薔薇２０１６』。短い出会いだったがお互いを大好きになった２人が涙涙の別れを交わすシーン。「うんこちゃん…！」「とぐろちゃん…！」

Q 他の団員になれるなら誰になってみたいですか？

ラルドさん。あなたのように存分に歌ってみたい。

Q 平民へメッセージをお願いします

感謝しかないです。見守ってくれて、応援してくれて、愛してくれてありがとうございます！お互い身体を大切にしましょう！！！

Q 今だから言える、本番でのやばかったこと

初めての０９３１舞台の『ロミオとジュリエットと…』。レヴューで暗転ハケしなきゃいけないのに劇場に入ってその練習をしないでゲネプロ（本番さながらに通すこと）に突入。暗転稽古しないんですか？と愛海氏に問うと、「しないよ、貴族だから」という訳のわからない返答が。いや、暗転稽古は必ず必要…。「大丈夫、大丈夫、できるから」一体その自信はどこから来るのだ、と思ったが何しろ初めての0931。文句を言えるわけはない。ゲネプロは辛うじて成功した。本番も、もしかしたら貴族だからできるのかと慢心した。来たる本番、舞台袖にハケる5人がだんご状態でぶつかりまくっていた。こっちこっちとか、痛い痛いとか、絶対客席に聞こえていたはずだ。だから言ったじゃないですか、愛海さん…。

Q シークレット歌劇團0931についてどう思っていますか？

唯一無二の劇団。日本全国探してもこんな突飛な劇団ありません。全然シークレットじゃないけど。

Q これまでの公演で好きだった役、今後やってみたい役は？

全部大好きです！「ロミジュリ」のいじわるイザベラ、「響奏の薔薇」の女忍びとぐろちゃん、「スカーレットピンポンパーネル」のぽんこつ独裁者ロベスピエール（初の男役！）、「エリザベーーートト！」のルドルフ少年、「眠れ 森の美女」の懐の深いデルフィーヌ王妃様、「シン・デレラ」のすっとぼけマルゴ婆さん。てことは、次回おじいさんですかね？もしくは異星人？

Q 今までで一番嬉しかったことは何ですか？

なにはともあれ、わたくしを0931メンバーとして受け入れてくれたことです。じゃなきゃ、毎年こんなに楽しめてない！！！！

Q 舞台上でのあなたの強みは何ですか？

緊張しないことです。歌以外は…。

Q 本番前のルーティンあったら教えてください

とりあえず、外郎売（ういろううり）は唱えます。活舌が良くなるような気がするので。それと、ルーティンという訳ではないですが、なぜか本番に入るとやたらお腹がすくので事前にボリュームのあるお弁当を食べます。野菜ジュースとビタミンサプリとプロテインは必須です。

Q 団員、主宰、関係者、1人選んでその人に言いたいことは？

長崎マネ、なんでそんなに足きれいなんですか？

Q 入団する前の自分に会ったら何て言ってあげたい？

もっと早く入団希望しなさいよ！！！

何年損してるんだ！！！！

Q それぞれの団員を動物に例えると？

銀河さん　チーター
紅雅さん　ゴマフアザラシ
音羽さん　（センチメンタル）カンガルー
あいざさわん　セイウチ
せきさん　シマエナガ（それ以外ないでしょ）
ラルドさん　コアラ

Q 今気になっていることは？

老眼。

Q どの団員に何を感謝したいですか？

こんなに素晴らしい時間を共有してくれた全員に感謝です。こんなにバラバラな個性が集まって、団員のみならず平民の皆様が幸せになるなんて、奇跡ですから!!元平民として、これだけははっきり言えますね。

Q この20年であなたの中で大きく変わったところは？

老後の在り方を考えるようになりました。あ、そういうことじゃなくて？舞台に関していうなら、楽しむこと、楽しませることを一番に考えるようになったかな。みんな笑顔が一番！

それ、貴族に聞いてみよう⑥

他の国の貴公子

栄《え》瑪《め》ラルド

Q 入団のきっかけや入団時のエピソードを教えてください

東京の地下に潜伏していたとき、見知らぬ番号から電話がかかってきました。電話を取ると、「君にしか出来ない任務がある」と。そのまま新千歳行きの飛行機を予約しました。

Q 自分にとって平民の存在とは？

夢中になってジュビレーションの振り付けを真似していた中学生の頃から今でも私は平民です。なので平民とは自分の鏡です。

Q 他の団員の強烈な記憶はありますか？

音羽さん。おもろ

Q どの作品が好きですか？または印象に残っていますか？

前述のおもろをおもろたらしめた初単独公演『クリスマスには白い薔薇を…』です。おもろ。

Q 09の舞台で好きなセリフは？または好きなシーンは？

前述のおもろをおもろたらしめた「わたくしはフランスの、王妃なのですから〜」です。

Q 他の団員になれるなら誰になってみたいですか？

誰にもなりたくないです。このままでお願いします。

Q 平民へメッセージをお願いします

年に一度、帰って来られる場所、待ってくださっている人たちが居るこの幸せは、平民の皆さまあってこそ。これからも愛していただけるよう江戸で修行を積んで参ります！

Q 今だから言える、本番でのやばかったこと

靴下が、ない。ない！インナーが、ない。ない！

Q シークレット歌劇團0931についてどう思っていますか？

思いつきを形にするのが神がかりに上手い人たちの集まりなので、いまだに理解が追いつきません。

Q これまでの公演で好きだった役、今後やってみたい役は？

『眠れ森の美女』で演じさせていただいた国王の美しい妾ガブリエッタ役がとても楽しかったです。メイクした後の顔が実の祖母にそっくりで大爆笑した記憶があります。

今後やってみたい役……心を持たないロボット、とか。

Q 今までで一番嬉しかったことは何ですか？

なんだろう。出来なかったことが出来るようになる、その度に一番嬉しいと思う。

Q 舞台上でのあなたの強みは何ですか？

出来ないことを出来ないままにしないこと。そのアップデートを絶やさないことが舞台の芸術性だと思ってます。

Q 本番前のルーティンあったら教えてください

瞑想、ヨガに30分！

Q

団員、主宰、関係者、1人選んでその人に言いたいことは？

トップ。痩せます、痩せます、痩せますから……！

Q

入団する前の自分に会ったら何て言ってあげたい？

食事制限しろ。

Q

それぞれの団員を動物に例えると？

銀河様……エイリアン
紅雅様……ドラゴン
音羽様……チュパカブラ
観木様……サンダーバード
星輝様……ツチノコ
あいざわ……ビッグフット

Q

今気になっていることは？

生きているうちに宇宙に行けるのだろうか。

Q

どの団員に何を感謝したいですか？

銀河様。どこへでも付いて参ります。

Q

この20年であなたの中で大きく変わったところは？

20年前って20歳なんすよね。なんかごめんなさいってなっちゃった。

それ、貴族に聞いてみよう⑦

0931ジュニア

あいざわ

Q 入団のきっかけや入団時のエピソードを教えてください

あれは今から17~8年前だったと思います。当時、私は0931のトップ2人が出演していたイベントの簡易的な照明を担当していたんです。その後、突然、主宰の愛海さんから「0931のショーは今、1曲歌うだけだから(当時はこれを歌ってトークしてまたこれを歌う、世にも珍しい1曲歌ってアンコールで同じ曲を歌う構成だった)、プラス寸劇もすることになったから出てくれないか」と打診されたと記憶しています。私は小学5年生の時の学芸会で「おおきなかぶ」のイヌ以来、舞台に立ったことがなかったのですが、頼まれたら断れない性格で「はい!出てみます!」と言ったのがきっかけですが、「あの時、私は入団したんです!」という自覚はないので、毎年、客演の感覚で公演に携わらせて頂いています。

Q 自分にとって平民の存在とは?

とても不思議な存在ですね。私のことを知っていてくれていて、公演で「あいざわ!」とか声を掛けて頂いた時、「ありがとう!」とか言いながら、常に心の中で「私は……誰…なんだろう?」と不思議な気持ちにさせてくれる存在です。舞台ではそんな嬉しい違和感を毎回感じています。

Q 他の団員の強烈な記憶はありますか?

僕の稽古番長である星輝さんは稽古場でとても愛のある厳しさを持って接してくれるので、とてもありがたいです。特に覚えているのは「眠れ 森の美女」の時の稽古場で、一緒に2~3度、セリフの読み合わせをした時、「じゃ、後はボク、家で覚えてきますから」とまだうろ覚えの中終わらせようとしたら「ダメです!だって、あいざわさん、家でやってこないでしょう!」と的確に私の行動パターンを言い当てられたことです。

Q どの作品が好きですか?または印象に残っていますか?

「眠れ 森の美女」ですね。事前に主宰の愛海さんから「今回はあいざわが主役だからな」と言われていたのですが、冗談だと思っていて「はい!大丈夫です。毎回、主役のつもりで演じてますから」とふざけて返していたのですが、本番1週間前の通し稽古で、私の立ち位置がどのシーンも、みんなより後ろに下がっていることを愛海さんに指摘され、「今回、主役なんだから、舞台の一番前に立つんだよ!」と言われた時、「えっ!本当に主役だったの?」と焦った記憶があります。その時「どうりで、ずっと舞台に出っぱなしだし、今年はやけにセリフの量が多いなぁ~って感じてたけど、主役だったからか!」と思ったことを覚えています。

Q 他の団員になれるなら誰になってみたいですか?

もちろん、銀河さんと紅雅さんの2トップになってみたいですね。でも、なるってどういう状況ですかね。スキルはどうなりますかね?もしも、歌と演技とダンスとトークのスキルが今の自分のままでトップになるんだったら怖すぎるからイヤです。あいざわのままでお願いします。

Q 平民へメッセージをお願いします

いつも、舞台やイベント、時に道端での声援や応援、声掛け、ありがとうございます!

みなさんが居てくれるからこそ「シークレット歌劇團0931」は妖しく輝き続けられるものだと思っております。この関係性を例えるのならば、太陽とソーラーパネルで、太陽の光をソーラーパネルが受け取ってそれがエネルギーとなり……だから太陽が0931で、いや、太陽が平民で、ソーラーパネルが…いや、エネルギーが……この例えは違いました。

Q 今だから言える、本番でのやばかったこと

まだ小劇場で公演していた頃、次のシーンに出るため狭い舞台袖で待っていた時、オナラがしたくなって「誰もいないからしちゃえ!」…と思って、オナラをした瞬間、シーンを終えた銀河さんが舞台袖にハケてきたんです。「ヤバイ!」と思うもどうすることもできないでいると、銀河さんは立ち止まり小声で「お前、オナラしただろ?」と言われ、静かに頷くと、軽蔑した視線を残しつつ楽屋に消えて行った時、銀河さんはオナラを指摘する姿もカッコいいなぁ〜と思ったことを覚えています。

Q シークレット歌劇團0931についてどう思っていますか?

日常とはかけ離れた、存在しないはずの異世界空間…とでも言いましょうか。別次元の別世界の空間で行われている秘めごと……とまぁ、そんな感じです。

Q これまでの公演で好きだった役、今後やってみたい役は?

好きという感覚ではなく、役を降ろしているという感覚ですからね。こういうのを憑依型って言うのかな? いつも、役になるんじゃなくて、役の方から寄ってくる感覚です。ちなみに今後やってみたい役は王子様です。

Q 舞台上でのあなたの強みは何ですか?

舞台上での私の強みはありません!あるとしたら、稽古不足のまま舞台に立っている、その度胸だと思います。稽古不足を幕は待たないから、稽古不足のまま、こちらから幕を迎えに行く…というイメージですかね。

Q 入団する前の自分に会ったら何て言ってあげたい?

やぁ!僕は未来のキミだよ!君はこれから〝変わった世界〟に飛び込むけど怖がらなくていいよ。何か分からないままやり続けたら、きっと何か見えてくれるよ。その何かが何なのかは分からないけど。あまり詳しく話すと、僕のいる未来が変わっちゃうからここまでさ。じゃあね。

Q それぞれの団員を動物に例えると?

銀河さんはライオンで、紅雅さんはトラ。2人がトークしている姿は、ライオンとトラが甘噛みしてじゃれているようだと思っています。音羽さんはネコかな。ネコを飼っているからでしょうか。観来さんは舞台上での無駄のない身のこなし方からヒョウですね。ラルドさんは美しくて華のある感じがクジャクでしょうか。星輝さんは、稽古場に来たのに稽古しない私に鋭い目を光らせている、暗闇のフクロウだと思います。

Q 今気になっていることは?

最近、7歳の子どもが「マインクラフト」にハマって、「お父さん、明日の朝までにボクのおうち、作っといて」と言われ、家族が寝静まった後、夜中に1人でゲームの中で家を建てている時、これ何かな?…と少し気になっています。

Q この20年であなたの中で大きく変わったところは?

大勢の人の前でも臆することなく話せるようになったと思いますね。
それと同時に、大勢の人の前で何か笑わせようとしてしゃべるも、全くウケなくて大スベリしても、焦ることなく、堂々としていられる〝強いハート〟になったと思います。ただ、それが良いか悪いかは分かりませんが…。

平民の作文
第1楽章

中小貴族が勝手に定義づけた「平民」というカテゴリに押し込まれ、ゴリゴリの差別化を図って織りなす摩訶不思議な世界に何故こんなに夢中になる人々がいるのか。その答えがここにある。とにかく読んでみるがいい。その文字は五線譜となり、その文字は音符となり、やがてその文字は壮大なオーケストラが奏でる「貴族を讃えた音楽」となり脳内に鳴り響くぞ。これは読み進める者だけに与えられし特権なのである。さあ、読みなさい！

また貴族の公演を観に行きたい

銀河様、紅雅様、貴族の皆様、お慕い申しております。ラジオ平民に毛が生えた程度の下層平民ではございますが、STVラジオ「貴族の時間」は、初回より拝聴させて頂いております。毎週の放送を楽しみに、御公演へ再度伺える日を夢見つつ、日々暮らしております。貴族の皆々様に永久に栄えあれ！

カレイジョ平民

望外の幸せを感じる毎日に感謝

STVラジオ「貴族の時間」で中小貴族の皆様を知り「ラジオ平民」となり、令和三年の音更公演観劇で晴れて「平民デビュー」しました。新型コロナウイルスのワクチン接種会場に平民Tシャツで行ったり、通っているメンズエステのインスタグラムのページに平民Tシャツで写ったり、どこかのお店で見知らぬ平民の方が「0931のトートバッグ」を持って買い物をしていらっしゃるのを発見してドキドキしたり…。普段では味わえない好奇心を刺激される毎日です。もちろん、かけがえのない平民仲間の方が日に日に増えていくことが何より嬉しくて、望外の幸せを感じております。これからも応援していきますので、よろしくお願いいたします、ファオ！

メタルシェケレ平民

あの方のドヤ顔も必死な顔も

桜の花が咲く季節にこれを書いています。貴族の皆様はお元気でいらっしゃいますか？「十勝のにゃんドレ」でございます。

私は…この頃…街で犬や猫を見かけると、「どっちも、嫌い！」と言っていた必死なご様子のあの方を思い出してはクスッとなります。本屋さんで、婦人公論を見かけては「愛読書は、婦人公論！」と、仰っていたなぁ〜と、またクスクス。テレビドラマ「相棒」を見る度に「好きな番組は、相棒！」と言い切る、あのドヤ顔が浮かんできて、またまたクスクスクス。

2020年から続くコロナの為、私も、息子や会いたい人に会えない寂しさがいつもあります。でも、そこかしこに、シークレット歌劇團0931夢組トップの紅雅みすず様がひょっこり出ていらしては、私を笑わせてくれます。思わずクスッと笑える毎日は、なんだかホンワカ幸せです。

たぶん私だけじゃなく、こんな気持ちの平民仲間が全国各地にたくさんいるんだろうなぁ。そう思うだけで何だか心が温かくなってきます。紅雅さま、他の貴族の皆様、こんな気持ちにさせて下さって、本当にありがとうございます！どうぞいつまでも元気な貴族様でいてくださる事を、心からお祈り申し上げます。

十勝のにゃんドレ平民

あの日、しっかりと沼に落ちたんです。

或る先輩平民はおっしゃいます。

「平民でいると、貴族と一緒にいると、人生が変わる」と。

ご多分に漏れずに、私も初めて中小貴族の皆さまを見た2021年12月〝シン・デレラ〟の公演後、「09御多織留」（中小貴族のグッズのタオル）をあちこちに持ち歩いたり、使ったりしておりました。また平民Tシャツを身に纏いながら、周囲からのアレな視線を浴びたりしていましたが、そんな状況でありながらも貴族の皆さまを思っている自分があり、なんだかおかしくて笑えてきます。でも、その笑いのなかには貴族の皆さまへの愛や、平民仲間への愛、そして、いま自分の目の前にいる人々への愛が、たしかに存在しているのです。

しっかりと〝沼〟に落ちてしまいました。あの日、道新ホールで、平民Tシャツを着た人々が入口でそわそわしていたり、平民仲間を見つけて手を振りあったりしているところ見て、「あっ、なんだろ、このアットホームな感じ」と思った感覚は、忘れずに生きていきたい。

愛に満ち溢れた貴族の世界。奥深くへ行けば行くほどに、私達の愛も深くなっていく気がしてなりません。「人生が変わる」って、こういうことなのかもしれません。平民でいられて、ほんとうによかった。

書き暮らしのテフレッティ平民

中小貴族でお腹がいっぱい

2021年12月、音更公演で平民デビュー。テーマである「愛とユーモア」をすぐに感じることができました。百均の材料で推しウチワをこしらえ、お腹いっぱい楽しんだ後は、即公式ファンクラブ「平民友の会」に入会していました…。

この公演を機に、中小貴族のことを教えてくれた友だちと数年ぶりにやりとりが再開されたり、まだ会ったことのない平民の方が、貴族の宝（シークレット歌劇團0931の公式グッズ）を人づてに私に送って下さるなど、平民の結束力の強さを感じています。貴族の皆さま、平民たちに元気をわけてくれてありがとう！

白糠町みんなのまゆげ平民

人生に一筋の光が

私が貴族の皆様と本格的に出会えたのは、人生何度目かの地獄を味わっている時でした。優しい先輩平民様からのお誘いで観劇した舞台は、私の悩みを吹き飛ばして下さいました。中小貴族の皆様のキラキラした表情が、今も脳裏に焼き付いております。

『人生はそんなに悪くないよ』（公演シン・デレラ劇中での台詞）

貴族様と出会えた事で、真っ暗な私の人生に一筋の光が差しました。今もまた、色んな問題にぶち当たっていますが、毎週STVラジオから流れる貴族様からのお言葉を胸に生きていきます。これからも、どうぞよろしくお願い致します。

しのっくま平民

私もこの方たちに愛されたいと思った

私と中小貴族の出会いはSTVラジオです。番宣を耳にした時から楽しみにしていて、初回から聴いております。とはいえ、アレがなかったら「平民」にはなっていなかっただろうなと思うことがあります。それはラジオ番組「貴族の時間」公開放送に当選したことです。

当時の谷ディレクターから連絡をいただきました。その時ロビーで執事（ご案内係）をしていた、たつきみほさん（STVラジオ「ごきげんようじ」リポーターでみほ隊長と呼ばれています）とお話できたことです。

みほ隊長は平民で、既におタオル（シークレット歌劇團0931の大人気公式グッズ）を装備していました。そしてキラッキラした目で「推しはどなたですか？」と尋ねてきたのです。

ラジオ平民のほとんどがホヤホヤの平民なりたて。「推しと言われても…」とその質問に、そこにいるみんな引きましたが、みほ隊長の紅潮した頬がとても可愛かった。幸せそうでした。すごい熱量でした。それは何故なのか、本物の動く貴族を目にしてわかりました。

公開放送の収録が始まって、彼らが登場するや否や、私にもその愛情とホスピタリティはすぐに伝わりました。この方達はなんと暖かいまなざしでラジオ平民を見てくださるのかと。「私もこの方たちに愛されたい」と思いました。

誰かの大切な人になりたいと願うことは、その誰かだけでなく自分をも好きになることになります。趣味も何も無かった私の生活が、楽しい前向きな日々になりました。この出会いに感謝しています。

メタボリエンヌゆかり平民

すっかりハマった

土曜日のSTVラジオを聴いていて、そのままにしていたらシークレット歌劇團0931の「貴族の時間」が流れてきました。30分と短い番組ですが、面白い番組だなーと思いました。

「平民？」「貴族？」でしたが、2021年の札幌公演、音更公演と観劇し、すっかりハマりました。ようやく公式ファンクラブ「平民友の会」にも無事入会しました。過去作品を振り返る貴族のトークショー「中小貴族、お戯の儀。」の先行予約でチケットも確保でき、平民友の会、会員限定の「平民友の会Tシャツ」も予約できました。イベント当日、それを着用し平民の方々や貴族の方々と戯れることを今から楽しみにしています。

イシカリフォルニアのマコトラジオ平民

「聴く」から「会う」へ、夢広がる

私が貴族の皆様を知ったのは、全国のラジオ番組を聴きかじっていた時にたまたま聴いた事がキッカケでした。私は埼玉在住のラジオ平民です。貴族の皆様のトークの面白さは勿論の事、平民の方達からの献上文は笑いもあり涙もあり、毎回30分があっという間に過ぎてしまうほど、本当に楽しい時間を過ごさせていただいています。

まだナマで中小貴族の皆様にお会いした事はありませんが、いつか札幌での舞台公演で本物の貴族様を見られる事を楽しみに日々頑張っていきたいと思っています。

チロリアンぺろちょラジオ平民

明日からまた一歩踏み出そうと思えた

仕事帰りに立ち寄ったコンビニに貼らさっていた1枚のポスターに釘付けに。それは貴族の舞台公演のお知らせだったのだが、その時は訳も分からず、何かイベントでもあるんだなー、くらいの認識でした。その年の暮れ、清水の舞台から飛び降りたつもりで平民デビュー。お芝居は笑って泣けて、レビューはというとそれはそれは楽しくてあっという間に終演。

明日からまた一歩踏み出して頑張ろうと勇気をもらった、本当に幸せな時間でした。自分の在り方に悩み、空回りしていた時に出会ったシークレット歌劇團0931。中小貴族の皆さまがいて下さったからこそ、念願の資格も取得し、新たな目標も見つけました。

本当にありがとうございます。これからも全力でついていきます！

扁平足平民

一緒に観劇した亡き友人思い出しながら

私が貴族の皆様お目に掛かりましたのは、2005年の単独公演からでございます。古参平民です。初めて拝見したその瞬間から胸撃ち抜かれ今に至ります。ずっと一緒に公演を楽しんでいた友人がいました。ずっとずっと毎年一緒に。「年末は0931の公演を観ないと年越せないね」と話しながら過ごして参りましたが、友人は2020年、天へと召され、今は1人での観劇となりました。

普段は淡色な毎日を過ごす私ですが、年末の極彩色の0931の公演を観ながら、かけがえのない友人と出会えた事を思い出し涙したり、中小貴族たちの舞台を観ながら大声で笑ったり、また来年も頑張ろうと心に秘めたり。シークレット歌劇團0931は私の人生を豊かにしてくれる存在です。出会えた事に心より感謝しております。

絶対零度平民

3年目の正直

私はシークレット歌劇團0931の事を、STVラジオ「貴族の時間」の開始で初めて知った新参者でしたが、銀河様、紅雅様の繰り広げる独特の世界観に引き込まれ、年末の公演は必ず観に行こうと思っていました。

しかしその年は12月初旬に体調を崩し入院してしまい行けず、2年目は11月に腰痛を発症して車椅子生活となり行けず。3年目の正直で札幌に向かった2021年。杖つきの私は大雪に足を取られ、宿泊先のホテルから公演会場である道新ホールまでの数百メートルが何キロにも感じたほどで、貴族と会うにはこんなにも苦労せねばならないのかと感じました。

しかしその疲労も、公演が始まれば何処へやら。3年越しの思いが実現できた喜びで感激しました。そして私の地元である音更町の公演では、終了後のロビーで銀河様から名前を呼んで頂ける幸運。先輩平民の皆さんが、ことごとくその魅力に取り憑かれるのが分かりました。これからもずっと応援させていただきます。

ばふぁ平民

こんなの今まで見たことない

私が貴族の皆さまのお姿を初めて観たのは、忘れもしない2019年8月12日アリオ札幌で開催されたSTVラジオ夏祭りイベントに、4月から始まった番組「貴族の時間」から銀河さまと紅雅さまが降臨されると知り、旭川から馳せ参じた時でした。

大歓声の中、ステージに登場されました。豪華なお衣装、美しいメイク、そしてキレキレのダンスとよく通る素敵な歌声で観客を魅了していました。私は衝撃を受けました!こんなの今まで見た事ない!当時はステージ前方で赤や白のタオルを回す人たちがいて、一体何かな?と不思議に思ったものでした。

あれから数年経ち、タオルの回す意味を知り、貴族さまの愛とユーモアで私の中の免疫力を上げてもらっている日々です。貴族に栄光あれ!

旭川のひろちゃん平民

それは予想を遥かに上回るクオリティだった

「札幌に何だかヤバい地下組織がある!しかも年に一度しか会えないっぽい!」(ウポポイ!)

とまあアンテナ感度の高い妻がシークレット歌劇團0931を発見した時、僕は「年に一度って七夕か!ロマンティックか!‥どゆこっちゃ!?」と情報がアレ過ぎて混乱しておりました。

何が何だかよく分からぬまま、ただただ好奇心の赴くままに!その年の12月の公演に恐る恐る足を運びました。そこには、好きなことを本気で続けている一生懸命な貴族様方が、汗をかきかき、キラキラと輝いていらっしゃいました。予想を遥かに上回るクオリティでした。笑いもお歌も、踊りも笑顔もべしゃりも、何もかもが。

以降、道民平民化計画実現に向け毎年、愛とユーモアに理解がありそうな友人を着々と平民仲間にしてきました。「中小貴族と平民」の秘め事は、友情をも育んでくれます。この秘め事を共有できるのならば、大概のことはお互いに笑い飛ばせるだろう、との強固な信頼関係が生まれるように思います。

身体に鞭打って愛とユーモアを全力で伝えてくださる貴族の皆さまにはただただ、感謝するばかりです。平民たる私どもは、舞台観劇をして楽しかったなー、おーわり!‥ではなく(それも勿論良いと思いますが)貴族様方の身命を賭したメッセージを日常生活に落としこむことこそが使命ではないかと存じ上げます。

自分にできることは微力ながら、日々できる範囲で広報活動を地道に続けることと思っております。好きなことを続けること。僕も見習っていきたいです。

今までもこれからも、沢山、ありがとうございます!

ベンベコーヒー平民

貴族の舞台は元気をもらえる場所

貴族に出会ったのは「偶然」でした。STVラジオ「ごきげんようじ」の新年ホール放送を何気なく聞いていたらツートップの独特の声。気になってラジオ「貴族の時間」を聞き、遂には公演に参加。すっかりハマってしまいました。

公演は、観劇するのはもちろんのこと、平民仲間に会える上に元気を貰える場所です。お芝居には社会情勢や流行、風刺を織り込みつつ、最後は明るく元気に生きようという活力を貰えます。本当にありがとう。これからも貴族のみなさまの末永い活躍を楽しみにしています!

あっきりん平民

貴族湯万歳!!

「ねえ!昼間のラジオでやってた新番組の番宣でさぁ、なんか浮世離れした2人が出てたの!キャラもなんかブレ気味でさ。アレ、1回聴いてみた方がい い。」

残業で疲れ切って帰宅した私を玄関で待ち構えていたヨメの気になる報告。私たち夫婦にとって3年前のこの時から、平民活動は始まっていたのかもしれません。その後、大型商業施設「アリオ札幌」で開催されたイベントで初謁見となった銀河様、紅雅様。(実はイベント終了後の帰り際、アリオの出入り口で偶然お二人に出くわしたのでした)勢いに押されながらも、いつも風呂に入りながら聴いていることを恐る恐る告白した私たちへ、やけに〝あ〟にアクセントのある『ありがとう!』と、えぐるような目線で見つめて下さった銀河さま。帰りの車内で「なあ、あの2人、きっといい人達かも知れないなぁ…」どちらからともなくそう言い合い、夫婦の方向性はこの時決まりました。

その後の中小貴族のラジオ番組「貴族の時間」

公開収録、年末の舞台公演、各種イベント等、ほぼ皆勤で参加しました。それを通してできた平民仲間は、いまや私たち夫婦にとって人生の財産となりました。それは貴族の皆さまが繋いでくれた最高のご縁。会社付き合いの中やお金を掛けて自分から探そうとしても決して見つけることのできないであろう、一生の仲間です。

ＳＴＶラジオ「貴族の時間」を聴きながら、舞台公演のラストで空から降り注いできたキラキラテープを拾ってきて、自宅湯船で浮かべて入る〝貴族湯〟はまさに私たち夫婦だけの贅沢な時間。「今度はどんな貴族湯写真を送りつけようか」知恵を絞る時間は夫婦のライフワーク。モデルのヨメも裸、撮る私も裸、貴族の皆さまへの真剣勝負を挑むひとときです。夫婦どちらかが欠けても貴族湯写真は撮れません。ヒートショックに留意しながらこれからも私たちの勝負は続きます。生活の全てではないが、生活の大部分を占める、そんな珠玉のひと時をくださった貴族の皆さまと平民仲間に感謝し、これからも充実した（入浴）時間を送りたいと思います。

ヒラ銀行員平民

「喜・〝努〟・〝愛〟・楽」という世界がそこにはあった

歳を重ねる毎に、刺激というものは失われていくものなのかもしれない…。そんな事を感じ始めた自身の日々の中に、その存在は突如姿を現した。ラジオ番組で出会った貴族のツートップは、二人合わせて百歳を超える年齢だが、全力でふざけていた。

年々、落ち着いて来た感覚に、どこか焦燥を覚えていた私へ、激辛カレーの様な刺激を感じさせてくれた。年末の公演に足を運ぶと『喜・〝努〟・〝愛〟・楽』という世界が、そこにはあった。他の平民の皆様を見ていても、驚く程の熱量を持って応援している方々がおり、その存在が人生に七色の彩りを与えているのだなと理解させられるものだった。人生の先輩達に「まだまだ落ち着くのは早いぞ」と、言われた気がした。

平民としては駆け出しの身ではあるが、この存在と出会えた幸運を喜び、体に鞭打つ貴族の努力に応えられる様、可能な範囲の愛を持って、この世界観をこれからも心から楽しみたいものだ。

中小貴族団体という〝花咲かじいさん〟が、まだ平民になっていない活字平民の貴方の心にも華を咲かせてくれる…かもしれない。

江成狂信者平民

愛しています！ 大好きです！ 貴族、最高！

私が貴族様と出会えたきっかけは、お友達のＳＮＳ投稿からでございます。まだ貴族様のラジオ放送が始まる前のこと。年末の舞台公演の写真投稿を見て、「どうして観客の皆様が御多織るを回しているの？」「０９３１って何と読むの？」という多くの疑問から興味を持ち始めました。

その翌年からラジオ「貴族の時間」が始まったという投稿を見て、早速ラジオを聴きました。楽しいトークにドハマり！その年の年末公演「眠れ！森の美女」を１人で、Ｚ席で、初めて拝見しました。Ｚ席の「絶対スイーツ席」って、オシャレなショコラをもらえるのかなぁと勝手に想像して座席に向かうと、黄色の御多織るだけが座席にあり「え？スイーツはないのどう言うこと？」とガッカリ気味でお芝居を観ることに。しかし、貴族様の想像以上に素晴らしい演技と歌のレベルにビックリ＆感動して、レビューショーで明らかとなった、あの「絶対スイーツ」に悶絶!!そこから貴族沼に入ってしまった次第です。

こんな楽しい公演を観た感動をお仲間さんと語り合いたいなぁという気持ちになり、翌年のトークイベント「中小貴族、お戯れの儀。」の時に、ツイッター平民さんにお声掛けして、お仲間に入れていただきました。２０２０年、新型コロナウイルスの感染者が増え始め、色々なライブが中止されてガッカリしている中、貴族様は感染対策の規制をしっかりとしてくださり、公演を開催してくださったことも、とても嬉しかったです。

「愛しています！大好きです！貴族最高!!これからもずっとついて行きます！」

この言葉を貴族様に送りたいと思う次第でございます。どうかお身体をお大事にしつつ、毎年年末はあの舞台公演を平民にプレゼントしてくださいませ。大変楽しみにお待ちしております。

りうりう平民

「あ〜面白かった」しか残らない世界

私が貴族の皆様に出会ったのは…正直いつだったかわからない。ただ中島公園近くの小劇場に3度は通っている。その後、1度を除いてずっと貴族の舞台公演に参加。そうなんです。観に行っているのではなく「参加」している。初めての時はまわりの平民のわくわく感が会場中を埋め尽くしていて、僕以外全員が先輩平民に思えた。しかし!始まってしまえば皆勤賞の平民も新入り平民も全員が平民だった。どんな偉い人も老いも若きも一律の平民。恐るべき一律の平民感。こんな気持ちになれるのは、他では全員が裸で疲れを癒している「銭湯」くらいのものだ。だからまだ未経験の平民も怖がらずに飛び込んで欲しいと思う。一人であっても孤独感など皆無だ。

基本、シークレット歌劇團0931の公演は年末に行われているが、何も事前に予習など要らない。1年の出来事を…特に年の前半の出来事をふんわり思い出させてくれる演出が盛り込まれている。ありがたい。毎年、主宰の愛海夏子様が半年かけて完成させる物語はわかりやすく痛快。むしろ事前情報や先入観を待たず公演に臨むのが正しいスタイルかもしれない。何年も通っていると「過去のどの回が面白かった?」と聞いてくる未平民がいる。が!

恐れながら正直に言おう…。「よく覚えていない」のだ。印象的な演出やセリフはもちろんあるのだが、最終的に「あ~面白かった」しかないのだ。だから僕の参加した初めての回がどんな話の公演だったかもわからないのだ。なんだか申し訳ないがこれが僕の感想である。たぶん色々な公演を通して中小貴族の皆様は「思うがまま生きろ」「ズルするな」とだけ言っている気がする。

前半はお芝居、後半はレビューショーの二部構成、芝居が終わった後、レビューが始まるや否や、ギアチェンジをしてスピード感がまるで違う。うかうかしていたら置いていかれるので注意が必要だ。様々な団員がそれぞれ全力でやっているが、ここは「推しメン」に注目して過ごせばいい。とにかく1度「参加」して欲しい!ハリーポッターやスターウォーズのように初回から見直さないとダメなんてことは無い。ただし、初見に最前列はオススメできない。刺激が強すぎるからだ。

最後に…2021年の公演「シン・デレラ」の話をしたい。最終日・千秋楽に僕は参加した。ラストで銀河様が客席を見渡し会場の天井を見上げ感謝をしているような表情をされた。僕はその姿を見て、なぜか涙が出てきた。

また今年も参加しよう。シークレット歌劇團0931のみなさま、今年の年末も僕に「あ~面白かった」をお願いします!コロナで中止になっていたスイーツが楽しめますように。

オカケイ平民

驚愕の演出に心奪われ

09を知ったのは2017年の事でした。職場の福利厚生のパンフレットに怪しげなネーミングの劇団が。『エリザベーーート!』(本物を知りたければ本物をみるが良い)と言う演目でお芝居をすると書いてあり、どうにも気になって仕方がないので遠くから様子見しようとチケット入手。そして一人で恐る恐る道新ホールへ足を踏み入れたあの日、ユーモアに満ちた舞台に心踊り、レビューショーでは貴族様にどう対応してよいのかわからず、極力目立たないようにし、目が合わないようにひたすら願った事を懐かしく思い出しました。

ですが今では、「真冬に巨大ジョウロのお土産を袋に入れずに持ち帰る」と言う空恐ろしいミッションをこなしてみたかったなぁと思うくらい、すっかり一人前の平民として成長しております。

以来、後々まで心に残る素敵なお芝居とエスプリの効いた魅惑のレビューショー(数々の妙技や細かい仕掛けも)、驚愕の演出にすっかり心奪われています。

泣いたり笑ったり存分に童心にかえり、時には貴族様に叱っていただいて喜んだり。まさに貴族と平民、大人のごっこ遊び。09の舞台公演はそんな特異な世界を楽しむ場所。大人だからこそこんな風に笑ってはしゃげる場は大切。心からそう思えます。

あいざわさんの味のあるダンスや、あいざわさんへの銀河様からの切れ味するどいツッコミも大好物です。またラジオ「貴族の時間」で貴族様はいつも平民たちを優しく見守るように、励ましたり、笑わせて下さったりと、暖かいお人柄、魅力が伝わって来て、ますます皆様が大好きになりました。毎週お声が聴けるのが幸せです。

私の平民活動、最初はたった一人でしたが、ラジオの公開収録に参加した日をきっかけに沢山の平民と知り合う事も出来ました。私にとって09は出会ってからずっと、私が楽しい時も辛い時も常に寄り添って下さる「かけがえのない存在」です。これからも貴族様と沢山の思い出を豊かに重ねて行けたら幸せです。

貴族様の益々のご活躍楽しみにしています。いつもありがとうございます。大好きです。

つるまるこ平民

～主宰愛海が語る～

中小貴族団体の「ナカノヒトビト」

これまで多くの方々に「中小貴族団体の中の人」となって公演や活動を支えて頂いております。どんな方々がこの貴族の世界を一緒になって作って下さっているのか、ここに書き記しておきたいと思いました。ナカノヒトビトがいなければ今のシークレット歌劇團0931は存在していません。多くの方々にお世話になっていますが現在関わりのある舞台周りの方々を中心に書かせていただきますので、「俺の名前がないぞ！」という場合は速攻謝ります！潔く！謝らせて下さい！記憶をたどるのがとても困難な齢（よわい）になり、それはもう砂金を探り当てるような果てしない作業と似ております。いざ、記憶の砂金掘りを開始いたします。

創成期のヒトビト

シークレット歌劇團0931が誕生したきっかけを作ってくれたのは当時サブカル的なイベントをプロデュース開催していた竹田新氏である（本業はテレビマン）。2002年、彼からイベントへの誘いがなければ「銀河祐」も「紅雅みすず」もこの世に存在していなかったのだ。これを機に銀河と紅雅にエンタテイメントの場を与えてくれた。と同時に私の脚本演出、構成作家的な仕事も少しずつ増えていくことになったのだ。

そもそもコトの始まりが実に軽いノリであったし、観客が自分たちのやっている事をそこまで喜んで受け入れてくれ、「次」を待ってくれることになろうとは思ってもみなかった。全くもって非常に軽いスタンスだった。単独公演を札幌市豊平区美園にある「十二使徒教会」でやってみないか？と竹田氏に持ちかけられ下見に行った際、教会の十字架がとても美しい造作で心奪われ、自分の作る貴族コントとのギャップに身悶《みもだ》えた。

お客も友人知人とそのお連れ様だったので「大人の発表会」みたいな他愛のないものだった。とはいえ、満員御礼。教会の美しい十字架の前で何ともシュールな舞台公演が行われた。神様もびっくりだ。だがその時、大人も子どもも、健康な人もストレッチャーの人も一つ所に集まり、同じ空気を吸い大きく吐き、感情を解放し熱狂したことが神の赦しに繋がったのかもしれない。

あの場に立った銀河祐と紅雅みすず、そして新たに加わった娘役の音羽美雨は、目の前の観客（後に平民と呼ばれることになる人々）の幸せを願い、日常で疲弊し固まった感情をほぐしたい一心で純粋に取り組んでいた。それは今も変わらないただ一つのことのように思う。

エンタメの世界の入り口で、貴重な体験をさせてくれた竹田新氏とのご縁は強烈なものであった。どんなに魅力的なコンテンツであっても、誰かが見いだしてくれて後押しをしてくれる人がいて初めてその先の扉が開かれるのだと感じた。当の本人たちはそういったことに関して完全無欲であったことも良かったのかもしれない。扉の向こうに行くことよりも、その扉を開けてこちら側に来てくれる人たちを一生懸命もてなしたい、と思っていたのだ。

その後、シークレット歌劇團０９３１は独立し、私がプロデューサー兼、脚本演出、のちに主宰を名乗ることに。様々な準備が私に降りかかってきてパンク寸前だった。箱を押さえ（劇場の予約）、公演の概要を定め、チケット販売のスケジュールを立て、宣伝広報、舞台の大道具、小道具の打ち合わせ、発注。衣装の案を出し1人で探す、ないものは製作依頼、予算の交渉。音（ＢＧＭから歌う楽曲まで）の最終決定、カラオケの製作依頼、照明プラン、音響プラン、当日の映像素材の構成台本を作成し、編集依頼とそれらの打ち合わせ、とにかくやってもやっても細かい作業が延々と続くのだ（そしてそれは公演終了後、役者たちが大いに解放された後もなお）。

領収書の山を相手に精算作業、収支に頭を抱える日々に、当時は孤独を感じた。誰にもこの苦しみはわからないだろうと。役者はいいよな、稽古して舞台で拍手もらって幕が降りたら全て忘れられる、と。楽しいはずの舞台公演が苦行のように感じる瞬間もあったことは確かだ。きっと誰かに相談したり、分業することが下手だったのだと思う。


では何故ここまで続けて来られたのか？


その答えは、こんな破茶滅茶な舞台を「楽しみに待っていてくれる人がいる」ということに尽きる。待たれていないものに情熱を傾けるほど私たちは時間も若さもなかった。ただの自己満足の発表会まがいのものは長続きしない。そもそもそれは友人知人に頼み込んでチケットを買ってもらい付き合いで観に来てもらうという、ワガママで人を巻き込む迷惑極まりない活動、ということになってしまう。依頼があった時だけ出向き、御用がなければいつやめても構わないと、さっぱりした感覚でシークレット歌劇團０９３１は今日までエンタメ活動をしてきたように思う。

歌下手、劇下手、ダンス下手の我々が見せる舞台なのに毎回劇場は熱狂と興奮が渦巻き、終演後は観客がお風呂上がりのような顔で帰ってゆく。やがて私たちは彼らのことをこう呼ぶようになる。「平民」と。


――平民とは、平素よりシークレット歌劇團０９３１が大変お世話になっている民、平和を愛する民のことを言う――

平民の作文
第2楽章

そこには見事な「貴族の世界」がある

私が貴族の皆様と出会ったのは、ラジオ番組「貴族の時間」が初めてでした。ある日STVラジオからたまたまこの番組が流れてきたのです。そこには、私の知らない世界が広がっていました。初めは貴族の皆様を、優雅な遊びで人を魅了していく方々だと思っていました。しかし、トークを聞くとそこに確かにありました。見事な「世界」が。彼らのラジオ番組「貴族の時間」には、舞台公演や活動に対しての反応だけでなく、ラジオリスナーの私生活での様々な話が送られてきます。その話に対し、貴族の皆様は一つ一つ深く寄り添います。

それはまるで、優しく導くというよりも一緒に人生を楽しんでいる。そんな気さえします。送られてきた文章に対して、リスナーの個人的な問題を自分のことのように受け止める。アドバイスというよりも、ご自身が今直面しているかのように「自分ならどうするか」を語る。

まるでリスナーと同じ人生を歩いているかのように錯覚させるその姿勢は、貴族と平民が一緒に仲良く住む世界を作ってくれているかのように思えます。そんな優しさに溢れた貴族の皆様が、私は大好きです。

平民になって良かった。私の一番伝えたいことです。

ロキGB平民

私の人生を豊かにしてくれました

私がシークレット歌劇團0931に初めて出会ったのは「ロミオとジュリエットと…2020」の舞台公演観劇でした。STVの情報番組「どさんこワイド」で拝見したのがきっかけで、なんとなく観に行ったのですが、会場に着くと「ここからしゃべるな」の手書き筆文字の貼り紙があり、ドキドキワクワクし、座席にはタオルとサイリウムがおいてあり、CM映像が流れると学習塾、練成会グループの紹介が始まり、まだサイリウムを使うなの指示があり、始まる前のCM映像見てるだけなのに、てんやわんやしていました。

シェイクスピアを大胆にアレンジした、美しく愛らしく笑い溢れるお芝居に感動し、華やかなレビューを応援しながらタオルを回し、娘役「音羽美雨さま」の打ち鳴らす太鼓を聞き、私はすっかり平民になっていました。

毎週のラジオ「貴族の時間」や配信番組の「貴族の宝石箱」、そして2021年の「シン・デレラ」公演や、トークショー「中小貴族、お戯れの儀。」、コープさっぽろ「ラブコープ」の紹介が、私の人生を豊かにしてくれました。

特に、娘役、星輝柚瑠様の演じた「シン・デレラ」のヒロイン、デレイラが新しいデレイラになったように、自分を信じることが最高の魔法だと教えていただいた気がします。「儀」で声をかけていただいたり、「貴族の時間」で献上文を読んでもらい、とても嬉しかったです。銀河様、紅雅様、音羽様、観来様、栄瑪ラルド様、あいざわ、そしてスタッフの皆様、いつまでも応援しています。次の舞台公演でまた会えることを願って…心はいつもジュビレーション。

なぽこふまる平民

私は今まで貴族を知らなかったことを恥じた

2021年1月の音更公演でシークレット歌劇團0931に出会った。

完全口パク。貴族。あいざわ。平民。タオル必須。友の口から出る単語に興味を惹かれ、あえて予備知識なく向かった公演は心に深く刻まれた。20年もの歴史ある劇団を知らなかったことを恥じた。

ユーモアを散りばめ良い意味で予想を裏切る脚本と演技。近寄りがたいオーラでありながら灯油ポンプにしか見えないものを手に軽やかなステップを踏むお姿。やけに耳に残り歌詞も聴き逃がせないレビューショー。笑ってはいけない?無理を仰る、と思ったが耐えた。

平民の方々の存在も欠かせない。最初ははっきり言って畏怖を感じた。SNSで貴族様のことをつぶやくと光の速さで「いいね」が付きビビる。平民であることを強く主張する出で立ちで、堂々とタオルをまわし、工夫をこらした手作りグッズを手に舞台を盛り上げる姿勢。この一体感に貴族と平民の絆を感じた。平民諸先輩の姿を見て、私は真に平民なのか自問する自分がいた。それを考えている時点で貴族の虜になっていることは疑いようがなかった。

いち平民として皆様のますますのご活躍とご健勝を祈念するとともに、口パクではない生のセリフを聞き、笑い、快哉を叫ぶことができる日は近いと信じている。

なたね平民2年生

これを楽しめる平民は知的集団である

2018年9月、北海道新聞夕刊の「注目!」と書かれた芸能欄舞台イベント紹介ページに、「個性派ユニット」「大人のごっこ遊び」「全国から老若男女が集まる」「12月にこれを見ないと年は越せない」「中毒性の強いシークレットな仕掛け」…こんな文言に興味をそそられ、チケットを購入してしまった。

12月公演当日、何の知識も持たない私は1人道新ホールに向かった。なんとなんとタオルを回していい大人達が大まじめにバカをやっているではないか。こんなに極上なアホらしい世界があったとは。F席なのにサインボールをあいざわ氏からいただいてしまった! スイーツも口にインしてもらった。灯油ポンプはこう使うのかとか、衝撃的な演出とクオリティの高い舞台に昇天! 以来コテコテの平民に。この世界を目一杯楽しんでいる全国の平民は、極上の知的集団であると思うのは私だけでしょうか? 貴族とスタッフの皆さん、全国の平民に幸あれ!

物忘れイッタリキッタリ平民

そのトークの面白いこと、面白いこと!

私はラジオ平民1年8ヶ月のまだまだひよっ子でおこがましいのですが、ラジオ平民として伝えたい事がございます。私と貴族の皆様との出会いは、たまたま付けたカーラジオでございました。番組も途中からでした。

でも、そのトークの面白いこと、面白いこと…。パーソナリティの名前も分からなかったのに、私はすっかりハマってしまいました。それから私は貴族の動画配信も見ましたし、平民Tシャツでお出かけもしました。一度トークを聴いただけでハートをワシヅカミにしてしまうのがシークレット歌劇團0931の魅力でございます! 胸キュンです! 私はまだラジオ平民ですがお芝居も観に行きたいと思っています。ベテラン平民の皆様も優しいお方ばかりとお伺いしておりますので、その時はどうかよろしくお願いいたします。

あーぽんラジオ平民

毎年夫婦で観劇。笑わせてもらってます。

初めて0931と出逢ったのは「雑種天国」というイベントでした。銀河様も紅雅様も素敵に舞い美しく歌う。トークも素晴らしく会場はドッカンドッカン。今と変わらずです。

不定期のイベント出演から、年末に公演するようになった最初の公演は、豊平区の某教会。そこで初めて「娘役、音羽美雨」を見たときの感動! なんて美しい方だ、と。タオルヌンチャクや太鼓、回すタオルが似合う音羽さんではなく、宝塚の娘役にいてもおかしくない音羽さんがそこにいました。

それから、あいざわと出逢いどうにも目が離せなくなり、しまいには2019年の公演の演出で客席から選ばれて、プリンセス役のあいざわとキスをすることになるだなんて。私もビックリでしたが、周りの平民達から「王子様」と声をかけられたのが懐かしいです。

中小貴族様との一番の思い出は2012年、私と妻の結婚披露宴に銀河様と紅雅様、そして「あいざわ」が余興で来てくれたことです。あの歌と共にあの黒いスイーツを新郎新婦、親族が食べさせられた思い出。お陰様で今でも夫婦仲良く過ごし、毎年夫婦で年末、中小貴族の舞台公演を観劇しながら笑わせてもらってます。これからも銀河様、紅雅様のお二人か、私のどちらかの力が尽きるまで0931とは関係を持って行きたいと思っております。宜しくお願いします。

ホリリン平民

貴族が放つ光を観たい。これぞ「観光」。

いつも、我々平民に夢と希望を与えてくださいまして、ありがとうございます。どうして　こんなに貴族様たちに心惹かれるのかについて考察してみました。

「明るく光り輝いている」

何が起きても明るく笑い飛ばす貴族様たちの心意気が、明るい光を放っている。光に反応するのは人の常。公演を観劇することは平民たちにとって、貴族様たちが放つ光を観に行くことなのだ。そう、これぞ観光。お伊勢さん参りと同じレベルに、御利益がある。そして、おかげ横丁のような賑わいをみせているのが数々のグッズ販売。御利益をむさぼりたい平民の財布のひもは、ゆるみっぱなし。

「美しい虚像の世界に誘ってくれる」

日常生活では、絶対に着ることのできない豪華絢爛なお衣裳は、平民たちの憧れ。きらきらスパンコール・ふりふりレース・ゴージャス刺繍、ふっさふさの羽根に包まれている貴族様たちは、この世のものとは思えないほどに美しい。

タオルを「回した」平民が、それを鑑賞する。このギャップだけでも面白く、それに加えて、繰り広げられる爆笑トーク。あの虚像の世界に浸りたくて、また貴族様たちの元へ行く…もはや中毒症状。シークレット歌劇團0931は、道民の宝。未来永劫、世界を明るく照らし続けて下さい。

五十嵐由家平民

舞台裏の貴族を知る私

私と0931の出会いは、きらびやかなあの舞台ではありません。中島公園そばにたたずむ、小さなダンスホールでした。今から10年ほど前の2013年、季節は夏の気配が遠くなった10月頃だったと思います。今思えば、この時に私の平民人生が始まったのでした。

日もとっぷりと暮れた夜7時過ぎ、平民服に身を包んだ銀河様と音羽様がやってこられました。聞けば、年末の公演のために社交ダンス界のカリスマ、大友ティーチャーからペアダンスのレッスンを受けるとのこと。

「あっはっは！そういうことなんですね！」と豪快に笑う銀河様。「えっ!?そうなんですか!?」と小動物のようにくるくる動く音羽様。ニヤリと口の端を上げてお二人を見つめるティーチャー大友。同じく社交ダンスの講師をしていた私は自分の生徒さんへのレッスン中だったにもかかわらず、お三方のやり取りから目と耳を離せずにおりました（生徒さん、すみません！）。ワルツ「Massage in a Bottle」の優しい音色とともに、この光景はいまも鮮明によみがえります。

気になりすぎてチケットを手にし、向かったその年の暮れに行われた公演で、私が大興奮したことは言うまでもありません。結婚したばかりの妻と一緒に見ましたが、彼女が口を開けて大笑いしていたのが今も忘れられません。

一平民として、これからも応援させて頂く所存です。

大友ティーチャーの一番弟子（自称） 井上淳生平民

中小貴族こそ、本物の貴族だ

最近思うことがございます。金にものを言わせ〝貴族〟気取りの成り上がり者がなんと多いことか。お金があれば宇宙にも行ける。また、権力者の横暴も目に余るところがございます。

銀河祐様、紅雅みすず様にお目にかかり、お言葉をいただくたびに貴族の気品とは何か？そして貴族にとっての美とは何か？と、改めて貴族とは何かを感じざるをえません。多くの成り上がりの平民達、また権力に溺れ、欲に駆られる政治家どもを、その愛と気品で成敗していただきたい！！！平民には到底及ばない中小貴族の誇り高き精神。それこそが世界を変えていく力なのではないかと思う次第でございます。

銀河祐様、紅雅みすず様がいつも伝えてくださるのは、愛と勇気と気品です。平民がそう簡単に手に入れることなどできません。ましてやお金や権力だけで手に入れることができません。平民はわかっています。そのような欲に駆られた貴族気取りの連中は、貴族的なことはできても、全て偽物です！自分勝手な裸の王様です。この時代に必要な美と平和を取り戻してくださいませ。そしてそれが平民の願うところでございます。最後に、いつまでもお元気で、愛と平和と「スイーツ」を平民にお与え続けくださいませ。

凹田助平上級平民

ひとこと！

いつも、貴族様から沢山の愛とユーモアを頂いて心豊かな生活を送れている平民は幸せ者です!!ありがとうございます!!

よちぱーラジオ平民

初めて観た貴族の舞台に震えた

シークレット歌劇團0931の主宰で脚本演出である愛海先生が平民のテレビ局にお勤め時代、私は先生と同じ部署に異動しました（当時はただの〝同僚〟であり〝未平民〟でした）。いまや大変失礼にあたりますが、私は〝09〟の存在すら知りませんでした。そんなある日のこと、愛海先生からシークレット歌劇團0931の主宰であることを伝えられ「今年もいよいよ執筆活動始まります！」とランチ中に宣言されました。

平民テレビ局の番組プロデューサー、若手アナウンサーの指導などをこなしながら、2足、いや3足の草鞋生活を数か月始めるのですから、先生の大変さを目の前でお見受けしました。どうみても昨夜は夜更かししたであろうお疲れの表情でご出勤の日もあり。隣席で和菓子を過剰に摂取、時にはカリントウなどを頬張り、昼はというと銀河様、紅雅様もお好きでらっしゃる安定の助六弁当を食べながらお仕事をされていたこと、今でも鮮明に覚えています（笑）。

職場の先輩としてはもちろん、愛海先生としてのお姿をも隣でひしひしと感じていたからこそ、初めて先生の創り出す舞台を観た時の感情といったら言葉に表せません。身体中に激震が走りました。それからずっと平民として舞台を観ています。この本が出版される2022年は〝0931〟も〝平民のテレビ局〟も周年イヤーです。全力で笑い泣きする準備は整いました！中小貴族と共に平民のテレビ局もまた心新たに歩み始めると思っております。「人生ってやつは、思っているほどそんなに悪くはない」

愛海先生の書かれたお芝居のこのセリフが、染み入ります。

ミヤタニ平民

逢いに行ける貴族！

私の貴族の皆様との出会いは2014年のシアターZOOという小劇場での公演です。その衝撃&笑劇&SHOW－激！友人が「これを観ないと年が越せない」とSNSで紹介しており、勇気を出して謁見たまわると本当に、一年の不満や不安、悲しみややるせなさなどを大気圏外まで吹き飛ばしていただく事が出来、以来、道新ホールはもちろん、地方公演の音更へも足を運んでおります。

貴族の皆さま、本当にありがとうございます。この素晴らしさをもっと沢山の人に知って欲しい！逢いに行ける貴族！平民への愛とユーモアがほとばしる貴族！続けてくださってありがとうございます！これからも平民はお供いたす所存！

ねーやん平民

〝地下へ通じるトンネルを抜けると、そこは夢の国であった〟

街中にクリスマスソング、コンサートホールでは第九が流れる師走。しかし、中島公園横にある小劇場の「シアターZOO」へ通うようになって以来、この20年、それら不動の歳末ソングは〈歓喜〉に置き換わった。そう、シークレット歌劇團0931が公演の最後に歌い上げる「ジュビレーション〈歓喜〉」だ。左右の手をVの字に、中小貴族達が戦隊ヒーローのように決めながら踊る歓喜の舞。

「これを見なければ歳は越せない」と、毎年カレンダーが最後の一枚になると、心が弾み出す。「今年はどんなミッションが与えられるだろう？」「スイーツはどなたから頂けるだろうか？」…もっさり積もった雪を踏みしめ、時にコケそうになりながらシアターZOOへ向かう道中は、私にとって、ひっそり新しい下着をつけて臨む神聖な時。定員70人程度のキャパに、ぎりっぎり許されるまで詰め込んで開幕する秘密結社の集会のごとき舞台。

この小劇場時代は、ほぼ100％の平民が貴族手ずから「スイーツ」を賜り、そして、客にも役割が与えられた。

あれはいつの公演だったろうか。劇中のどこかで「フランス万歳！」と叫ぶ〝民衆の声〟をご下知頂いたのは。貴族はこんな時必ず仰る。「大丈夫、時が来ればわかる」。御無体な。劇が進むにつれ、周りがそわそわし出す。いつその時は来るだろう？乗り遅れないだろうか？客席全体が異様な緊張感に満ちて行く。そしてその時が来た！「聞こえぬか？あの民衆の声が…」と促す劇中の紅雅さま。「来た！ここだ！今だ！」皆、満を持して次々に叫ぶ『フランス万歳！』『フランス万歳！』。帰り道、爽やかな達成感と舌先に残るスイーツの余韻。劇場へ通じる地下への入り口、そのトンネルのごとき階段を抜けた先にあったのはまさに平民にとっての夢の国だった。

古参平民M

後輩が銀河祐様になったあの日

あの日の衝撃（笑劇）を私は忘れない。

オタマジャクシが立派なカエルになった。いや、カエルでは申し訳ない（笑）まるでサナギが可憐な蝶になったかのごとく、高校時代からの可愛い後輩が、ある日突然、「貴族」になったのだから。それは先輩である私自身も「平民」になった記念すべき瞬間でもあった。

私が初めて0931の世界へ足を踏み入れたのは、確か2003年。後輩がいきなり「シークレット歌劇團0931、夢組トップスター銀河祐様」になっていた。紅雅みすず様も一緒にトップスターになっていた。そして、今ではかなり存在感のある娘役の音羽美雨様は、貴族としての初舞台で新人娘役だった。今も肩書きは万年新人娘役だが、当時は本当の本当に新人だった。

1人で観に行く勇気がなく、友人を誘って行った。想像を超える貴族たちの本気の熱量とユーモアに魅入って、こちらも熱くなりたくさん笑った。今も当時の様々なシーンが写真のように思い出され、暗い中を歩いた帰り道の光景まで憶えている。

地下階段を降りて行く小さな会場のシアターZOO時代も大好きだ。毎年、恐る恐るいろんな友人を誘って行った。1人で行く勇気はないからだ（笑）。友人がドン引きしたらどうしよう…と毎回思っていたが、一緒に連れて行く友人が年々増えた。席番号が決まってないZOO時代。最前列に座るには早くから並ばなければならない。いつも友人たちと打ち合わせして、人数分の席を確保するためにかなり早くから並んだものだ。0931の公演の季節は冬（ずっとそう）。寒い中並んでいたのも、今では良い思い出だ。

毎年チケットは発売と同時に即完売。ついにZOOでは入り切らず「道新ホール」で舞台をやるようになったのは何年前だろう。ZOOの時のような貴族たちが大接近する密集した一体感がないのは寂しいが、貴族たちの年齢を考えると、4回も5回も舞台に立たせるのは心配だから仕方ない。道新ホールに移ってからの1番の思い出は、銀河様が50歳になられた年の舞台だ。ある策を練って、私と友人たちは最前列に座っていた。レビューショーが始まり、私たちは予め手作りしておいた「祝　銀河様誕生50年」という横断幕を1番前の席で広げた。踊りながら、その横断幕に気付いた銀河様の驚きの目を私は忘れない。レビューショーが終わり、お約束のように、銀河様は私たちをいじってくれた。いじりながら、喜んでくれているのが伝わり、私は大満足だった。

今では何十人という友人が、私が誘わなくても毎年自らチケットを購入し、勝手に観に行く。0931の日はちょっとした同窓会のように、しばらく会っていない友人たちに会える日になった。大好きな貴族たちと友人たちに会いに、私はこれからも毎年12月の彼らの札幌公演に行く所存。

最古参平民吉田小百合

コロナ禍での口パク公演は特筆に値する

小劇場シアターZOOで、初めて歌劇團の舞台を観たのは、いつの頃だったろうか。デジタル映像と音楽を駆使した見事なオープニングから始まり、第1部は宝塚をほうふつとさせるミュージカル仕立ての芝居、第2部は銀河祐さまと紅雅みすずさまが中心の華麗なるレビューに度肝を抜かれた。なぜ彼女たちが「貴族」で、観客が「平民」なのかもわからず、無我夢中で拍手喝采。以来、芝居の随所に仕込まれたエスプリに秘かな快感を覚えると同時に、渾身の力を込めて踊るレビューに魅せられ、病みつきになってしまった。

映画でもそうだが、実は悲劇より喜劇を創る方が難しい。ましてや演劇が育ちかけだった当時の札幌で、ミュージカル仕立ての芝居を軽やかに仕上げて笑いを取るなんて至難の業。しかも、座付き作家を成し遂げた愛海夏子さんは女性なのだ。余りの人気に道新ホールへ会場変更したのは2016年だから、私が最初に観たのは15年ほど前のこと。未だ男女差別が歴然の時代で、それから20周年まで、よくぞ継続したと思う。

しかも2020年、2021年と、コロナ禍で幾多のコンサートや演劇が中止される中、休まずに口パクで上演したことは特筆に値する。入口のモギリから会場への案内、そして会場整理など、全スタッフが汗をかきながら必死に走り回っていた姿は忘れ難い。座付き役者から裏方まで、見事なチームワークを見せてくれる〝シークレット歌劇團0931〟に、幸多からんことを。

出版社代表、エッセイスト　和田由美平民

教えてくれたのは、あの「宝塚」市民です。

「知り合いから勧められて『貴族の時間』を聴くようになりました」というラジオ平民はたくさんいると思います。私もその一人です。

しかしながら、その知り合いが、ちょっと珍しい類かもしれません。というのも、私に貴族の時間を勧めてくださったのは、地元AM局に勤務する通称黒アニキだったのです。コロナ禍以降は会う機会も激減してしまいましたが、以前から黒アニキはラジオ好きの私におすすめ番組をしばしば紹介してくださっていました。が、そのほとんどは自局の番組。もっとも、それが自然なのですが、そんな中での「他局の番組」でした。勧められて、すっかり虜になり私が毎回聴くようになった唯一の番組、それこそが「貴族の時間」だったのです。

黒アニキの自局でネットしていた松原健之さんの番組を通じて、STVラジオに興味を持っていたというのもあったようですが、黒アニキは宝塚市民で、かつ、自局であちらの歌劇の長寿番組を放送していることで、一層伝わるものがあったのかもしれません。貴族の時間から派生して聴くようになった「ログインよるPA」の藤井アナが番組イベントを0931公演と前後するタイミングで検討すると言っていました。そんな夢のような日がやってきますように！

ジーン景虎ラジオ平民

私の人生になくてはならないもの

私が初めて貴族の皆様にお逢いしたのは2010年。翌2011年には小学1年生になった次男も観劇解禁となり、長男と三人で参戦。あの頃は会場がシアターZOOで100人ぐらいしか入れず、また座席指定ではなかったため、少しでも早く着いて最前列をゲットせねば！と先陣切って並んで待ったのも懐かしい思い出です。

中小貴族の舞台では時折平民が色々とお手伝いを命じられます。2013年には、レビューショーの後半、私たち親子に呼び出しがかかり、なんと例のあのスイーツを舞台上に置くという大役を仰せつかることに!!子どもたちとともにとても大興奮いたしました。

2016年、初の道新ホール。運よくZ席に座ることができた私は、銀河様の腕に抱かれながら愛の讃歌を歌ってもらうという夢のようなひとときを過ごしました。（一緒に行った友人は鍋の人に。）

2018年には次男がガチャで平民賞をゲット。そして2020年。その時は来ました。ガチャで貴族賞を引き当てたのです！貴族賞は「貴族コ〜ル」。なんと紅雅様からの電話。もってる私！こうやって振り返ると、もう私の人生になくてはならないものになっているのだなぁと感慨深い気持ちでいっぱいです。これからもずっと応援していく所存。

大関知子古参平民

おじやではない。おじゃんだ。

私は「あのスイーツ」を体験した事がない。

数年前、初めて「観るだけオーディエンスA席」で貴族の皆様方の舞台を観劇した時、次こそは、前のエリアの席を購入する！と…心の中で何度も叫び、帰路についた。それは「スイーツ体験」がしたかったから（これを読んで意味がわからない一般の方は是非公演会場でお確かめを）。

が…しかし…　が…しかしだ…

あの忌まわしいコロナウイルス野郎のおかげで全てがおじゃんだ！おじやではない…おじゃんだ！形あるコロナウイルスが今、自分の目の前にいたならば…足蹴りを顔にあててやりたい！普通のではなく…回転足蹴り100回！ボコボコの顔にしてやるゼイ！そう。コロナ対策で憧れのスイーツの時間を体験することができなかったのだ。今度こそ…「あのスイーツ」を堪能してみたい！それが…今の私の最大の夢♡

海道　潤平民

キモ美しさとホスピタリティ

ジャニーズもK-POPもハマらなかった自分が、唯一推しているのが0931。10年以上前、友人に誘われて出かけたシアターZOO。妙齢の貴族たちが目の前で繰り広げる暑苦しく大真面目な演技、それを支える宮廷関係者の方々による本気の演出に圧倒され、とどめは銀河様の美しさにすっかりノックアウト。ステージが道新ホールへと場所を変えても0931のキモ美しさ、ホスピタリティは全く変わることがありません。

0931の舞台は暮れも押し迫った12月。仕事など、日々の諸々で疲弊しきった心に、あふれんばかりのユーモア、愛をこれでもか！と注ぎ込まれ、毎年泣かされてしまいます。レビューパートラストの「ジュビレーション」を聴き、席を立つ時にはすっかり心も軽くなり、明日への活力がわいてきます。これがないと1年が終わる気がしません。

銀河様紅雅様の生誕60周年公演も、しかと見届けたいと思っております。大好きです！

ズバーン平民

〜主宰愛海が語る〜中小貴族団体の
「ナカノヒトビト」

オープニングVTRのヒトビト

20年ずっと独特なオープニングVTRを流している。外界から色んなものを背負って訪れる平民の皆様の「さ、ここからは全部忘れて楽しむぞ」という気持ちをしっかり作るための儀式みたいな演出だ。私は構成台本は作れるが実際に編集は出来ないので当初から様々な編集スキルのある方々にお願いしてきた。

これまで、前出の竹田氏から始まり、テレビ局の編集マンである板井氏、独立してCM製作なども手がけている大居氏、ギャラクシー奨励賞受賞経歴のある編集マン堀氏と、錚々たるメンツが助けてくれ、破壊的な高揚感を与えるVTRを作ってくれている。私の頭の中のイメージとスピードと間合いとシークレット歌劇團0931の世界観。それらを具現化してくれるのが彼らである。思った通りのものを、いやそれ以上のものを差し出してくれることで、そこから始まるお芝居もレビューもつまらないものには出来ないというハードルが一気に上がる。それが団員たちのモチベーションの一つになり、このVTRで発生した熱をサウナの熱波師のごとくさらに熱い風にして会場に返そうと貴族一丸になれるものであったりもする。

現在は堀氏が舞台公演のオープニングVTR、その他イベントで使用する映像編集など一手に引き受けてくれ「宮廷映像編集師」として大事な部分を担ってくれている。以前、彼の家に銀河と紅雅がお邪魔した際、彼の住まいの表札には「平民」が掲げられ、玄関からリビングまで赤い布が敷かれ「レッドカーペット」が。彼は宮廷映像編集師である前に生粋の平民(初期の頃から)。もちろん奥様も平民。

貴族愛が溢れている人が編集すると、そこには技術プラス「平民が喜びそうな匂い」をちゃんとまぶすエッセンスを忘れない。そんな仕事っぷりを目の当たりにすると、たまらなく元気が出る。頑張ろうと思えるのだ。

チラシを作るヒトビト

小劇場時代、幸いチケットは宣伝をする前に完売が続いていた。チラシ(フライヤーともいう)は宣伝をするためのものなので、必要がないと言えばなく。ただ全くないのも寂しい(記念に欲しいという声も聞かれ)。しかし印刷代は枚数が多いほど1枚単価が安くなる。貧乏な貴族たち、経費はあまりかけられないので悩ましかったが、相談に乗ってくれ快く少数印刷を受けて下さったのが古参平民・谷越印刷の谷越氏だった。当時は大変お世話になった。

チラシのデザインレイアウトは、造形作家でもあり小劇場時代は小道具などもお願いしていた吉住氏に、その年の演目とは全く関係のない前年の舞台写真を使って（要するにアリモノという奴だ）、サブカル臭とアングラ臭のする、他にはないテイストのデザインに仕上げて頂いた。

その後道新ホールに公演場所を移してからは、チラシのデザインは愛海原案で大同印刷デザイナーにお任せし、特殊なテーマ撮影の際は出羽《でわ》カメラマン（アンドボーダー）、スタイリストは石切山祥子氏（スプートニク）に加わってもらっている。出羽氏は現在、舞台写真もお願いしているので別のページでご紹介したい。

スタイリストの石切山氏は札幌で衣服のスタイリングはもちろん、空間のスタイリングも手がける大ベテラン。そして古参の平民だ。何度かお願いしたい機会があったのだが、純粋に平民としてシークレット歌劇團０９３１を楽しんで頂きたかったので、仕事としての依頼は極力避けてきた。しかしどうしても作り上げたい世界を再現するのに彼女の力が必要だった。ついにご協力を仰いだのが２０１８年。彼女が平民として舞台を観てから10年以上の月日を経てのオファーだった。

石切山氏は現場での状況を「銀河様と紅雅様が、撮影現場で思わず笑ってしまうような小道具（卓球のヘラとか）を手に、真剣に話し合っているお姿は見ていて惚れ惚れした」と語ってくれている。また、石切山氏が思うシークレット歌劇團０９３１の魅力について「美しさ、面白さ、ドラマティックな演出に全力で取り組む姿勢はまさにエンターテインメントの極み。日常を忘れて心からうっとり、ドキドキできる舞台がそこにある」と、プロ視点、平民視点入り乱れるお言葉を頂戴した。

私が２０２１年「シン・デレラ」のチラシ案で「オリンピック出場選手のメダルを勝手にかじって世の中から大ブーイングを受けた東海地方の市長さんへのメッセージとして、銀河と紅雅にメダルに模した〝どら焼き〟をかじらせたい。我々貴族と市長がかじっていいのはどら焼きくらいなもんだぞっていうね」と伝えたら、彼女は大きな声でゲラゲラ笑いながら「それ、いいと思う！」と大いに乗ってくれ、札幌中のありとあらゆるどら焼きをかき集めてきた。当日現場で「どのどら焼きをかじったらメダルに見えるのか、どのリボンを使ったらメダルのリボンに見えるのか」を一緒に真剣に考えてくれた。こんな世界に付き合わせてすまないなという気持ちと、彼女に頼んで本当に良かったという気持ちが今、軽やかに行き交っている。

平民の作文
第3楽章

中小貴族様はガチでマジ。

お陰さまで2022年、晴れて平民3年生になりました。初めてお送りしたラジオ「貴族の時間」への献上文で「一生平民します！」と、お誓い申し上げましたがその覚悟に揺るぎはございません。恋なら3年経てば冷めるそうですが、超えました！貴族さまへの思いは恋以上である事をここにご報告します。

貴族さまの20周年イヤーである2022年、わたくしも50歳の節目を迎えます。生きていれば色々あり、擦れっ枯らしに煮染まってボロボロの自分ではありますが、貴族さまの前では素直で初い、真っ白い角食パンの様な自分が居ります。わたくしはそんな自分が結構好きです。知らない姿に出逢わせてくれた貴族さまに、遅すぎる位の出逢いに、言葉にならない思いが溢れ、お逢いする度に泣けてきて、ビッショビショのシオシオになってしまいます。

貴族さまの「ガチでマジで」平民と向き合われるお姿、情に脆くていらっしゃるお優しさ、美しさや凛々しさ、可愛らしくていらっしゃる所にもお人柄が滲み出ています。わたくしは角食パンになる前の時間の分も、貴族さまと共に何とか濃く熱く埋め合わせて人生を終えるのが今の目標です。あと、もっと笑顔をお見せしてカラッとこんがりトーストの様な角食も目指したいです。昨日までも明日からもずっとそばに居てください。

角食にバター塗って砂糖掛けて焼いて食べる
宇山優華平民

たとえ貴族の背中が丸くなってもお支えしたい

人生の先輩でもある中小貴族の皆様に人生に喜び・笑いのスパイスを与えていただき、感謝しております。すべては区役所に設置されていたチラシを「ビジュアル系バンド」と勘違いし手に取ったことが私の平民人生のはじまりでありました。これからもずっと中小貴族の皆様の〝背中〟を追いかけていきます。

たとえ皆様の背中が丸くなったとしても後ろから腰の曲がった平民の皆様と一緒に支えていく所存です。一緒に楽しく年を重ねていきましょう。これからもよろしくお願いいたします。

ちかちゃん平民

おすすめです

何を書いたらよいのやら…貴族…平民…。私はシークレット歌劇團0931のラジオ「貴族の時間」を聴いたことがない人には必ずお薦めしています。放送1回目から聴いてはいるけど、いまだにメールしたことがない。ネタはある。献上文を読んでもらい、あの番組ステッカーが欲しい。そんな風に色々思っているうちに、また次の放送日になっている…。平民のみなさんの献上文に反応する貴族が面白くて楽しい。シークレット歌劇團0931、末長く！

ジュンサンダー・杉山ラジオ平民

言葉だけでの説明に難儀する集団

平民さゆは平民7年生でございます。出会いはコロナの流行もない札幌の舞台公演でした。貴族の皆様は惜しげもなく平民たちへの愛をばらまきまくっておられました。A席からはこれまで見たことのない異様…いや、通常とは異なった様の景色で、それはもう華やいだ空間に輝きみちた銀河様紅雅様のお姿は圧巻でございました。

未平民の皆様に魅力を言葉だけでお伝えするのはとても難儀なことでありますが、一言で言うなれば、真剣にふざけている集団。二言目でいうなれば、ふざけたことを真剣にやっている集団。でも、まずは、ためらわずに見て感じていただきたい、につきます。

さて、平民たちにもそれぞれに推しと言われるものがありますが、私は箱推しなのでみんなが大好き。その箱の中には平民も入っており、毎日の中で日常に紛れた平民を見つけることもまた楽しみの一つなのです。とはいえ、まだ見つけたことがないので簡単には見つけられないこともまた魅力。どのように見つけるかというと、平民は大概ひっそりと平民をあしらったなにかしらのグッズを持ち歩く習慣があるのでそれを探します。そして、耳元で囁くのです。「わたくしも平民です」と。あーーー楽しっ！

そして、箱推しとしての最近の気がかりは、貴族の方々の健康。どうか末永く楽しみたいので、どうかどうかご自愛いただきたい！！！おすすめの健康法は、もちろん、白湯です♡

さゆ平民

そう、私の名は「こうが」です

平民には二種類ある。平民たるやを知っている「真の平民」と、自覚の足りない「ただの平民」である。

私は英会話スクールを経営する傍ら平民のための飲食店を営む一平民。予約だけお店をあける。看板もほぼない。つまりお客様は私の知人が9割である。

ある日、知らない方からの予約を受けた。不思議に思いながら準備をしてお待ちしていると、なんと約10名の「真の平民」たちがやって来たのだ。平民のTシャツやら法被やらを着ているではないか！私はあわててその辺にある手拭いを「回し」、前菜をサーブした。

すると「真の平民」たちは皆あわてて持参の09タオルを取り出し、「回し」始めたではないか。さすがである。さらには、私の名前を連呼。「こうがさん、ですよね」。

何度も確認するではないか。そう、字は違えど私はこうが。この名字にひかれて予約したのか？ともあれ、お食事の提供が終わり安堵。私を含め貴族を慕う平民の幸せな時間が終わった。私は他の平民との交流が出来たことに大変満足した。

その数か月後、またしても同じ「真の平民」たちからの予約！（ありがたや）今度は誕生会もかねての依頼。「真の平民」のため私は頑張った。その日のバースデーガールは「銀河様推し」という情報を手に入れ、焼いたケーキの上に銀河様のポップを立て、バースデーソングを歌いながら提供。案の定、いや、それ以上に彼女は感激し涙を流して呆然としていた。

「早くろうそくを吹き消してくれー！」と心で叫んだが、彼女はまだ涙とともに呆然としていた。「早くぅーーー！」と心の中で叫ぶと、やっと吹き消してくれた。当然、貴族愛を語る楽しい時間はあっという間に過ぎ去った。実は今月末にもまた「真の平民」たちからご予約を頂いた。またしても誕生会となるようだ。今度はどうしようか。そうだ！まずは貴族の学びにとりかかることにしよう。嗚呼、私たちは貴族あっての幸せな平民。

甲賀芳（こうがかおり）平民

その歌のタイトルは「うんこの歌」

シアターZOOの初期から観劇してきた古参平民は、あの怪しくも濃密な空間を時折なつかしく思い出す。中でも2012年公演『響奏の薔薇～その翌日に極上の宴を～』は忘れがたい。愛海作品にしては珍しい和モノで、戦国時代に題材を採ったテーマとストーリー、音楽、そして衣装の全てにおいてクオリティの高い舞台を見せてくれた。個人的に0931のベストワン作品と思っている。後に道新ホール進出に当たって増補改訂版が再演されたのも頷ける。

この作品が傑作たるゆえんを物語る逸話がある。劇中、音羽美雨さんのソロ歌が始まって間もなく、隣の席の男性がしきりと目頭を押さえている。なんと！泣いているようだ。音羽さんの声がいくら美しいとはいえ、この曲を聞いて泣くか？ 泣けるのか？しかもいい歳こいたオッサンがである。

その曲名は「うんこの歌」。運のいい子になるようにと「うんこ」と名付けてくれたお母さん。貧しい暮らしを強いられ学もない、運もないお母さんは戦乱で死んでしまったけれど……という内容だ。だが、歌はうんこ、うんこと連呼する。私はあまりのくだらなさに笑いすぎて腹筋がつってしまったのだが、彼は感動して涙腺が崩壊したもようである。実は彼は私の同僚で、少し前にお母さまを病気で亡くしていた。それを思い出した私は、一見バカバカしいお笑いにも、悲しみを癒す力が秘められていることを思い知らされたのであった。

ところで、いつからだろう第二部のレビューショーで舞いながら客席を回る銀河さまと紅雅さまの麗しいお姿を、カシワデを打って拝むようになったのは。だってほら、獅子舞とかナマハゲとかに何かされるとご利益があるように、お二人に頭をポンポンしてもらうと、病気、特に認知症なんかに効きそうな気がするもんで。（個人の感想です）

黒田ゆず平民

兵庫平民より愛を込めて

２０１４年に友の誘いで初観劇し舞台と客席が一体となった熱気の虜となって以来ほぼ毎回兵庫県より飛来の兵庫平民です。

お芝居の部は練りに練った脚本。必ずその年ならではの話題を織り込みます。ジャーナリスト的視点が遠景に。お話の多くは名作の枠を借りながらも換骨奪胎。でも平板な人物造形や紋切り型の展開とは無縁。この立場の人物ならかく悩むべしという、感情のひだと葛藤の削り出しが見事です。そこから大団円に持ち込みつつ、観客の心を洗って、翌日から世界に向かう元気を湧かせてくれます。辛らつな批判の針や冷笑とは無縁な世界。

よくいじっていただく遠方の兵庫平民ならではの観劇効用を記しましょう。当地には本劇団のオマージュ先となる某劇団（某電鉄会社経営）が所在します。車内にはその中吊り広告があり、車窓からは本山の劇場が見えるのですが、通勤ではその光景も日常の澱にまみれ灰色に。でも、北の都から帰って年末まではその色彩が鮮やかになるのです。ポスター内の麗人も銀河様・紅雅様の微笑みと置き換わります。劇場からは幻聴か、あの「スイーツ」のかけ声が。

毎年心を洗って下さる公演に感謝しながら、０９３１のもとに今年も駆けつけたいと思います。

兵庫平民

笑いの中に深いテーマ、思わずホロっと

きっかけは9年前、子どもが学校でもらってきたチラシでした。その頃は子育てと仕事に忙殺されており「０９３１」の存在すら知らなかったのです（失礼）。

宝塚のパロディみたい？おもしろそう！仕事が終わってからでも間に合いそうだし。そんな軽い気持ちでした。忘年会へ向かう人々の喧騒から外れて中島公園にある開演間近の小劇場へ小走りで。そして細く薄暗い階段をドキドキしながら降り、着席して落ち着く間もなく開演！黒子さんによりスライドが準備され、あれよあれよと言う間に０９３１ワールドへ！

息遣いがわかるほどの間近で見る迫力と、時勢を意識し笑いをとりつつも、その中に深い深いテーマがあり思わずホロっと。え?これはそういう舞台だったの?そして第二部レビューでの石油ポンプに「あのスイーツ」！

すっかりやられてしまいました！

もうこれを観ずに年を越せない、となり、それからは毎年席をとれるかとヤキモキし、１００円ショップでイソイソと材料を買い求め、うちわに羽やバラを貼り付け、師走の街をうちわや献上品を抱えて会場へ向かうのが恒例となりました。家でもジュビレーションを口ずさみ、子どもも平民Ｔシャツを日常的に着用するように。

いつのまにか模範的平民道をまっしぐら！今に至ります（笑）。会場が大きくなり昔の距離感を懐かしく思うこともありますが、夢は大きく！新球場でビッグボスと共演とかあるかも?!なんて密かに期待しております。皆様お身体に気をつけてこれからも平民を楽しませてくださいませ！平民より愛を込めて！

古参平民Ｎ

日本のお祭りに欠かせない御神輿のような存在

私が貴族のお二人の存在を初めて知ったのは、ある「舞踏会」でのステージでした。あまりの眩いお姿に、思わず3度見したことを今でもはっきり覚えております。あの頃はまだＳＮＳなども現在のように進化していない時代でございましたので、お二人の情報を血眼になって探したものでした。

その頃はまだ、銀河様と紅雅様のお二人だけで演舞されており、それはそれは優雅で美しく、躍動感と非日常感と謎に包まれておりました。友人の民（後の古参平民）や地方の民と「あのお二人は何処の貴族の方であるのか?」「天使なのか悪魔なのか?」はたまた「素っ頓狂な天狗の化身なのか?」と思いを巡らせたものでございます。また、お背中にフェザーをお付けになった時には、あまりの美しさにお衣装から床に舞い降りたフェザーを1枚、失敬したことを思い出します。

あれから時が過ぎ中小貴族のお仲間も増え、たくさんの人々にたくさんの愛と勇気と真のシュールレアリズムを歌劇という形で啓蒙されているシークレット歌劇團０９３１は、まるで日本のお祭りには欠かせない「御神輿」のような存在であると私は思っております。

甘美なおやつを振り撒きながら息を切らせ、踊り歌い罵倒し抱擁する…そんなシークレット歌劇團が50周年を超えるまで、私はずっとずっと応援してまいりたいと存じます。

kiyomi平民

海を越え、札幌で観た舞台

知人に教えられた劇団名からネット検索し、たどりついたのが定番「ジュビレーション」のＳＮＳ動画でありました。画面越しにも伝わるトンチキと知性渦巻く空間に憧れ、海を超え、冬の札幌に降り立ってはや4年、初めてタオルを回してから3年……このごろはコロナ禍もあり、直に拝謁できぬままですが、トップお二人がコープさっぽろの動画配信番組で食卓をエンジョイされている様子など、画面越しながらその神秘的なカラコン含めた「顔力」に押され、貫禄と親しみあふれるトークにあらためて感じ入っております。

ふたたび劇場でそのお姿を間近にした際には、「黒潮」を口に入れてみたい……いや、でも口を開けるのもなぁ……と恥じらい揺れるアラフィフ心。このオバさんの羞恥心も、絶対に貴族の皆さんは、温かく包み込んでくれちゃうのだろうなぁ。

鈴木理映子平民

まるでメイン料理が続くフルコースのようだ

世の中で出会う「絶対」は、八割方まやかしだと思っている。

そんな私なので、「絶対に面白いから！絶対オススメ！」とマエノメリな友人の誘いに半ばお付き合いで出かけたのが、「シークレット歌劇團０９３１」との出会いだ。今から10年ほど前だろうか。

小さな劇場で繰り広げられる濃厚・濃縮・濃密な2時間半に圧倒された。口角は上がりっぱなしで、笑いすぎて涙がにじむ。練りに練られた台本、真剣なおふざけ、全力のレビュー、ツートップの流し目に心ときめいた。音響・照明・美術・衣装など、この世界観にすっと没入させてくれる裏方のみなさんの技術もすばらしい。

メイン料理ばかり続くフルコースのような舞台は、満腹かつめちゃくちゃ爽快。いつの間にか平民の務めを果たさなければ、一年を締めくくることはできない、そんな存在になっていた。そしてまた私も「絶対好きだと思うよ」と布教活動に勤しんでいる。この場合の絶対は、八割方正真なのであーる。

小西ヤーミーゆき平民

みそひともじにしたためる思い

平民として伝えたいこと、自分の心の柔らかいところを言葉にするなんて恥ずかしいので現代短歌…みそひともじで綴ります。愛しい銀河様、愛しい紅雅様、我ら平民はこのように貴族様をお慕い申しているのです。

「夏至過ぎて　こころにすきま風ふけば　つぎのたのしみ道新ホール」

「いい感じの土手のようなＡ席で 体育ずわりで希望をもらう」

「もしかしてもしかしてだけど俺のこと 見てるんじゃないの銀河様」

銀河様紅雅様に恋をすると〝推し活〟どころじゃない魅惑に堕ちいき… 世の中の恋の歌すべてが貴族への恋文になりそう〜。

「ホーマック灯油しゅぽしゅぽ99円 歓喜を満たす99円」

ですよね？共感レベル高そうです〜。

「欲しいのは プラダのバッグがザコになり どうか貴族のかりんと下さい」

「テレビでは爆弾低気圧という 神様おねがい道新ホールまで」

道外からの平民の謁見が褒められていることが多いですが、札幌の東区からだって命がけの会場入りだった年も多い。なぜか暴風雪の大雪が多いですよね。

「用済ませ　Ｕの字くるりと拭き磨き 徳を積む我第二部の賄賂」

公演の休憩時間。貴族の指示に従って足腰強い私は上階のトイレへ。そして用を足した後は掃除までしちゃう。だって貴族に褒められたいから。だって徳を積んで第二部でご褒美もらえるかもしれないから。あざとくても良い。この日を境に私は「いい人間」になるのだ〜。

「おまえたちよくやったぞと流し目で この1年の悲しみぶっとぶ」

「人はみな更年期という50歳 50歳を〝祭〟と教わる」

「麻生行き まもなく発車と言われても 握ったタオル匂い吹かせよ」

余韻にどっぷり浸りながら、放心状態で帰路へ。ああ、この地下鉄に乗っちゃったら夢は終わる。あと1年も待たねばならない。ああ、握ったタオルの湿った部分が乾いていくのが寂しい。

「月一のスタバのお茶会別れ告げ 寿席の争奪に挑む」

「師曰くなんびとたりとて平等な愛と平和のジュビレーション」

えりりんこやま平民

私のシークレットな平民活動を告白します

平民である私が、銀河様、紅雅様との笑撃的な出逢いから3年目となる冬の日の事でした。公演の日が近づき寝ても覚めてもシークレット歌劇團の雅びな舞台が脳裏をちらつきうちわ作り、ペンライトの吟味などに精を出していた時でした。

生業としていた職場での忘年会幹事を依頼されその瞬間、貴族様のオマージュという形で楽しいことを共有できないかとワクワクが心を支配して即承諾。あの笑撃、感動、感激を自分なりにどう表現するか。なにせ他の若い幹事に準備を指示したのは「灯油ポンプ」「造花」「薄い薄い手ぬぐい」「楽曲の選択」。もちろん貴族のダンスも欠かせません…。

とにかく私の一存で何を準備させられているのかという表情の若者と私の家で秘密裏に稽古をいたしました。結果忘年会は素晴らしい1日となり、沢山の賛辞を頂きました。酔いも覚めた後日、若い幹事からもらった写真には上司、同僚、部下の、満面の笑顔と幸せな空気で満ち満ちる「タオルを回した姿」でした。私自身も、嬉しく最良の戯れであったと自負しております。たまたま帰省しそんな準備をする私を呆れ顔で傍観していた娘（平民）ですが、のちのちSNSなるものでこの写真を投稿し、貴族様の御目に触れたことを報告されました。どうかこのような事をしでかした私の平民活動をご容赦くださいます事を願っております。

この先も平民として貴族様を支え『伝説の不死鳥ラスト公演』まで見届ける所存でおりますが、平民トシヨリは、百歳にかなり近いのでちょっと不安です。

トシヨリ平民

真夜中の駅で。～貴族がくれた奇跡～

2018年、師走の午前零時。札幌から乗った列車が苫小牧駅に着いた。車両から降りると見知らぬ女性が私を見つめ微笑んでいる。彼女は言った。「…そのボール、もらえたんですね」私は直径20センチほどの青いゴムまりを抱えていた。「え?もしかして、あなたも!」「はい。〝あそこ〟へ行き、この列車に乗って帰ってきました」「私!これ、受け取れたんです!」二人は同志だった。

数時間前、札幌の道新ホールでシークレット歌劇團0931「スカーレットピンポンパーネル」を観劇していた。

満席の会場、素晴らしいステージ。劇中、出演者からのプレゼントタイム。客席に降りた團員が手渡してくれたサイン入りゴムボール。その奇跡に私は歓喜した。それが劇團トップのお二人からではなく「あいざわ」であったとしても。

いい年をしてゴムまりを大事に抱え夜の街を歩く中年男、それを見つけて優しく声をかける人。今回初めて参加した彼女、五年目の私。夜更けの改札口の前で人目も気にせず、この劇團の魅力を語り合った。そう、それだけの力がこの劇團にはある。私たちは握手をして別れた。それぞれの家に向かって。ありがとう、あいざわ。ありがとうございます、銀河様、紅雅様。シークレット歌劇團。0931、万歳。

苫小牧市　末澤隆信平民

それはまるで聖体拝領のように意味深い

「平民とは平和のたみである」その説明は衝撃的であった。「平民」と呼ぶことで何かを教えてくださったのだ。

私はこれまで全ての人と楽しくやろうと空回りしていなかったか。意味もなくもっと良くなることを求め、迷い続けていなかったか。挫折し不安になり、助けを求める術も知らずに苦しんでいなかったか…。しかし、わたしは平和の民だったのだ。迷いも失敗も願いも絶望もふくめて、〝すでに〟平和の民だったのだ。「平民」その名前を与えられたときに全てが赦されたのだ。

今目の前にあることに打ち込もう。上手くいかない経験も大切にしよう。小さなことを慈しもう。平和の民＝平民として生きるとは、すべてを是として人生を充実させることなのだ。

銀河様、紅雅様からあの「スイーツ」を直接いただくとき、それはまるで聖体拝領のように意味深いことに思えた。シークレット歌劇團の舞台には愛が溢れている。観客の想いを受け取り、優しく包み、再び観客に返す。しかも変化球で。舞台と客席の間では愛の交換が行われているのだ。それを象徴しているのが「スイーツ」拝領なのだ。

平民と呼ばれ「スイーツ」を拝領したとき、私はシークレット歌劇團から愛を学んだのだ。

中津平民

純粋無垢な子どもに観せたい貴族の舞台

私が晴れて平民になり、15年以上は経つだろうか。ご縁のあった方から紹介され興味本位で初めて観たその舞台。クオリティの高い戯れる劇から始まり、全身全霊を注ぎ観客を巻き込むイリュージョンにすっかり魅せられてしまったのである。当時は、平民が逃げられないくらいぎゅうぎゅう詰めになったとても小さな箱だったが、貴族たちの鼻息やため息も感じるくらい、唾が飛んで当たるくらいの間近で観るそれは、とても味があった。

平民2年生の時、私はある事に気が付いた。舞台を観ている我々平民は大人だけで子どもの姿が見当たらない。「そりゃそうだろう」と我に返ったが、この舞台こそ、純粋無垢な子どもたちにも観てほしいと願ったのだ。そして翌年から娘と観る0931が、私たち親子の年末恒例儀式になったことは、この場で言うまでもない。当時まだ小学生だった娘も、お陰様で23歳になった。平民活動のこれまでを振り返ると、感慨深いものだ。

生きていると、嬉しいことや辛いこと、山あり谷あり泣いたり笑ったりを経験する。順風満帆の時もあれば地を這いつくばるような切ない時もあるかもしれない。どんな時でも彼らが信念として掲げる「愛とユーモア」があれば乗り越えられるだろう。本当に、そう思う。シークレット歌劇團0931の長きに渡る活動に感謝。

谷越平民

あ、今度はコレが私を救ってくれる

活字平民になりとうございます。私、ラジオ平民として3年近くになりますが献上文も出せない臆病な「どてかぼちゃ」と申します。嵐さんの札幌ドームライブに参加することを生き甲斐に生活しておりましたが、ご存知の通り活動休止になり何を目標に生きていけば良いのだろう?と人生を模索。

そこへ貴族様たちの楽しいラジオが。あ!コレが私を救ってくれる!とどハマり致しました。コロナ禍にあり、地方から札幌に行くタイミングではないと平民友の会に入会することを躊躇っておりましたが、めでたく昨年末、会員平民に。

今年こそは生の貴族様たちにお会いしとうございます。しかし、例年12月の中旬に舞台をやられてるみたいですが、出来る事ならば11月に前倒しして欲しいのです。私のようにオホーツクの果てから移動する平民には、大雪で運行ストップのＪＲの事を考えると貴族様の舞台を観るのはマジ奇跡的な運命的な幸運の積み重ねであります。どうぞご検討頂きたくお願い申し上げます。

どてかぼちゃ平民友の会会員平民

この本を読む一般の方々へ

濃厚な大人の『ごっこ遊び』を
口角上げて 堪能しましょ!
すぐにあなたも『平民』です。

平常心平民

競争心や敵対心を超越した悠々自適な存在感

やんごとなき貴族の皆様、ごきげんよう。銀河様、紅雅様が語られるお話は、楽しいだけでなく、平民の私には、想像できない事を気付かせて下さり、また明るい明日を見せて下さいます。ありがとうございます。

心をホッと和やかにしてくれるまったり感。競争心や敵対心を超越した、悠々自適な存在感。平民にも両手を開げハグして下さる様な寛容さを感じるのです。このような素敵な貴族に一歩でも近きたく、これからもラジオ平民として「貴族の時間」を楽しみたいです。

福島の天ざるそばラジオ平民

～主宰愛海が語る～中小貴族団体の
「ナカノヒトビト」

舞台まわりのヒトビト

単独公演から数年は、私と団員だけで全てのことをやっていた。しかしながらこんな小規模な団体も年を追うごとに手が回らなくなり、舞台監督的な役回りを雨夜《あまや》秀興《ひでおき》氏（ＳＴＶどさんこワイドリポーター）にお願いし、舞台大道具、小道具の製作は造形作家の吉住弘之《よしずみひろゆき》氏（想像工房）に造ってもらっていた時代がある。「羽ペンなんだけど、リアルな鳩の形をしたペン」「抱えるには大き過ぎる、しかし軽めの酒樽を作ってほしい」「リアルなチキンレッグで振るとマラカスになるようなもの」「電子キーボードを組み入れて、あいざわの顔と手を出すだけのアップライトのピアノ作ってほしい」など、無理難題を相談する度に、吉住氏はそれらを無表情で淡々と聞き入れ、現実のものとして目の前に出してくれる凄腕だ。

フリーのＴＶディレクター山田もと子氏（協創 ud）には主に会場でのオープニングVTR動作関連をお願いしていた。そのうち、大道具の出し入れから、裏での早着替えのサポートなど本当に支えてもらった。小劇場時代を山田氏は次のように語っている。「真冬の舞台裏手は冷凍庫のようでしたね。袖に走り込んで皆さんが早着替えをするたびに、もうもうと身体から湯気が立っていました。トップの背負う羽根をかじかむ手でつけるお手伝いをしたのは良き思い出です」

狭い楽屋をぎゅうぎゅうになって使い、鏡も分け合いながら使った小劇場から、各人ずつ鏡が使え、衣装に埋もれずに済む道新ホールへ。山田氏はその変遷を間近に見てきた人だ。初の道新ホール公演では楽屋裏の記録撮影をお願いしていた。「カメラを手に楽屋裏へ向かう時、さぞ怯え戸惑う劇団員たちの姿がそこにあるのではないか…と私が案じた気持ちは楽屋を覗いた途端、単なる邪推だったことを思い知りました。皆さん実に堂々と当たり前のように、広く解放された空間の中を闊歩《かっぽ》していました。それは、けっして虚勢などではなく、道新ホールという大きい器が、彼らの身の丈に合っていたのだと思います」

こうして我々は道新ホールへ何となくシフトした。気負うこともなく、緊張することもなく、そこでできる事を平民と楽しむために。ただ、広くなったことで大きく変わったことがある。それは、プロの舞台監督の存在だ（私たちは宮廷総指揮官と呼んでいる）。初道新ホールの際は貴族ネーム翡翠《ひすい》さんこと、坂本由希子氏に宮廷総指揮官として現場へ入ってもらった（貴族ネームというのは、中小貴族団体のスタッフとしてキャリアを積んでくれた方々に授けられる「ここだけの名」を言う）。翡翠さんの舞台監督として向けられた中小貴族への愛情は信頼に値するもので、「退館まであと10分でーす！急いでくださーい！」という歯切れの良い声が道新ホールの楽屋裏に響く瞬間が私は大好きなのだ。惚れ惚れする。

道新ホール2年目の2017年から、宮廷総指揮官は貴族ネーム牙城《がじょう》楼《ろう》さんこと、私がお慕いしている渡部《わたべ》淳一氏（有限会社リズム）にお願いし、翡翠さんには、宮廷総指揮次官として引き続き入ってもらっている。この2人に舞台周りをお任せできたら鬼に金棒だ。私の現場での心配事はおおかた解決する。

牙城さんは、お芝居はもちろん、各種イベント現場での舞台監督の仕事が1年先までびっしり埋まっている方。そんな牙城さんに「さ、来年はいつかな?」と聞いてもらえることは震えるほど嬉しい。それくらい光栄なことだ。

随分前から、そのプロとしての冷静な目、状況を読む力、舞台の世界観を作り出すアーティスティックな感性に触れ、尊敬して止まない職人であった。小劇場で数年公演を重ねた頃、牙城さんから「０９の舞台監督必要になったら声かけてよ」と言ってもらい嬉しかったが、とてもお願いできるような規模ではなかった。満を持して２０１６年、初の道新ホール公演が決まった時、思い切ってオファーしたのだが残念ながら別の現場でスケジュールは埋まっていた。

翌２０１７年、12月。渡部氏は牙城さんとして我々の舞台袖にいて指示を出してくれていた。「だったらいいな」から実に十数年を経て夢は現実となり、それこそが夢のようだった。公演は12月だが、私の構想は年の初めから積み上げてゆく。その過程で壁にぶち当たることも大いにあり、そんな時は必ず牙城さんに会い、そのことを打ち明け、自分の構想が実現可能なのかどうなのかを図る。私の頭の中にあるものを具現化し可能にするためにどうしたらよいかをいつも一緒に考えてくれ励ましてくれる心強い存在だ。それを当たり前だとは毛頭思っていない。有難いことなのだ。

牙城さんにシークレット歌劇團０９３１の舞台を初めて観た時の感想を聞いたら次のように返してくれた。「サイコーにイカしててキラキラしてました!自分が目指していたエンターテインメントがそこにありました。このキラキラをキラッキラッ!にするお手伝いを是非したいと思いました」

そんな牙城さんが宮廷総指揮官として垣間見た舞台裏の団員たち。印象に残っている事は「胴体切断された熊の木彫り(ちゃまくん)の手当後の姿を作るため、包帯の巻き方を研究する星輝柚瑠、命懸けで太鼓の訓練をする音羽美雨、暗転で舞台袖が全く見えないことに怯えていたが実は目を瞑《つむ》っていたから見えなかった紅雅みすず、なぜか何をするにも鼻歌まじりのあいざわ」とのこと。

牙城さんはシークレット歌劇團０９３１の最大の魅力を「本番にピークを合わせられる団結力」だと言ってくれた。そう言って頂けて誇らしい気持ちでいっぱいだ。加えて愛海の作る舞台作品について「まさに愛の海、愛で満たされている」と。そこは素直に小躍りして喜ぶことにした。

最後に、牙城さんの印象に残っている公演を聞いてみたら即答で返ってきた。「それはもう『ロミオとジュリエットと…２０２０』音更公演。あいざわ演じるベンヴォーリオ、ナイフ事件?事故?あれでしょうね。小道具のナイフを忘れ舞台に出て、どうにか当該シーンを終え、まるで何事もなかったかのように袖に戻ってきたあいざわ。あまりにも乗り切った感を出していたので、プニョっとしたあいざわの腹にそのオモチャのナイフを突き刺してやりました」…この場を借りて、私の代わりに突き刺して下さったお礼を言いたい。

平民の作文

第４楽章

大笑いのカタルシスへ誘われる世界

まずは出版、おめでとうございます！今回貴族の皆様の偉業を讃える本が出版されると聞き一介の平民の身も顧みず、私の思うシークレット歌劇團０９３１の魅力を一文にしたため献上させて頂きます。

第一に挙げなければいけないのは公演そのものの面白さでしょう。私は大阪出身で幼少のころから吉本新喜劇等のお笑いに慣れ親しんで参りました。大阪の新喜劇と言うのは御馴染みの芸人によるボケと突っ込みに始まり、被せやスカシなどのお約束的ギャグの応酬を楽しむものであり、どちらかと言うとストーリーは二の次と言うものでした。それと比べシークレット歌劇團０９３１の公演は某歌劇団と同じく劇とショーの二部構成なのですが、劇のストーリーはしっかりし過ぎてと言ってよいほどしっかり作られており、セットや衣装の華麗さ、そして後半のショーの内容もあの某劇団に勝るとも劣らない「まともな作り」でした。しかし芝居が進むにつれ銀河様と紅雅様の長年の関係だからこそ出来るであろう、お約束を無視した「絶妙な間（のずれ？）」が得体のしれない面白さを醸し出し、周りの共演者の方もそこを心得て、思い思いの技を繰り出しストーリーがしっかりしていればしているほど、その「ずれ」の面白さが増幅して行きます。そして最後には観客を大笑いのカタルシスへと誘うのです。シークレット歌劇團０９３１の面白さの原動力はお二人でしか作れない絶妙なハーモニーなのだと思います。

そしてもう一つの魅力は公演のシステムの楽しさでしょう。平民は席取りの段階からボヤっとしておれません。赤タオルと最前列特典付きの「寿席」から、見るだけ「オーディエンスのＡ席」まで、どこの席を取るのかを慎重に吟味しなければなりません（２０１７年当時）。そして各席には各席の「努め」があります。まさにフランス革命前のアンシャンレジームを彷彿とさせるものです。

しかし。シークレット歌劇團０９３１の平民はこれに対し革命を起こすでもなく（笑）むしろその努めを楽しんでいるようです。「私は初めてなのでＡ席から」「寿席を取ったからには体が動く限り応援します！」とか。これは多分シャイな北海道の平民の皆さんに努めをプレゼントすることで、前のめりに公演を楽しんでもらうための素敵な魔法なのだと思います。そんな魅力にあふれたシークレット歌劇團０９３１なのですが、私は３年前に千葉に転勤し、転勤後始まったコロナ渦でここ２、３年は公演に馳せ参じる事が出来ずにいます。そして今はせめてもの慰めに「鳥貴族（関東の串鳥のような店です）」で貴族焼きを頂きながら銀河様、紅雅様を偲んでおります。今年こそはこの状況が改まり年末の公演を楽しめることを期待しております。

竹垣吉彦平民

どんなに悲しくても辛くても、頑張っていける

あれは、ＳＴＶラジオ「ごきげんようじ」の公開生放送での出来事でした。ゲスト出演されていらした銀河様とみすず様に初めてお会い致しました。お二人はとても凛々しく格好良く、握手をしてもらった時は、高貴な香りがして、癒されたのは事実です。そして、木村洋二さんとの掛け合いで、失礼かと存じますが笑ってしまいました。

私は、舞台も観に行ったことがなく、貴族様のラジオが生きる楽しみです。そういえば、ある放送回で「ドライヤーであちこち乾かす人」の話を聴いて、私が働いている施設でも同じことがあり、頷きながら聞いておりました。ドライヤー事件簿は、各地であるのですね。私は、ラジオ平民としては、ペーパードライバーです。番組に献上文を送るのも躊躇う小心者です。

それでも、お二人の放送を聞きながら、抱腹絶倒な時間を過ごさせてもらっております。どんなに悲しくても辛くても、お二人のラジオがあるから、毎日頑張っていける。そう感じております。どうかお体に気を付けて、過ごしてくださいませ。体の筋を傷めて、サロメチールや湿布まみれにならないよう

にしてくださいね。これからもお二人の活躍、そして、舞台に期待しています。主人を説得し、必ず舞台を生で観に行きたいと思う、小心者の私より。お二人に、愛を込めて。

最高のオバハンラジオ平民

カリスマ性とずば抜けた愛されキャラ

「お前は本物を知らないのか。これがないと年が越せない身体にしてやろう」

これは2012年にSTVラジオディレクターをやっていたターニーDからの謎の言葉でした。呼び出され、今日の仕事の反省会かと思いきや、「謎の夜会」のお誘い。何言ってんだろうと思いながらもついていくと、そこは異様な熱気に包まれた小劇場。そう、それはシークレット歌劇團の公演だったのです。客席の皆様からの「ようこそ新入りさん。ここからどっぷりですよ」という歓迎の空気を感じつつ、ドキドキしながら幕が開けました。そこからはもう、予想外、規格外、小劇場が大劇場に感じ、舞台の5段ほどの階段は、宝塚の大階段に見え、気づけば笑い泣きしていました。

たった一夜で私の身体は平民体質へと変えられたのです。そこからは「もうこれがないと年が越せない。今宵ひと夜、私を好きにしてほしい」そんな気持ちで毎年熱心に通うようになりました。元々宝塚が好きですが、宝塚より宝塚。いやもう別世界の圧倒的なスケール感！皆様が与えて下さるのは愛とユーモア。いつも平民達が一緒に楽しめるよう考えて下さる仕掛けが、唯一無二の存在なのだと思っています。銀河様のカリスマ性と、紅雅様のズバ抜けた愛されキャラ。そして個性が眩しい各貴族の皆様のチームプレーと平民達との一体感がたまりません。ショーの最後の「ジュビレーション」。いつだったか、その一年がしんどい時がありました。その年の公演で「皆さん、今年も一年、辛い事もあったでしょう、よく頑張りました」と銀河様が言って下さったのです。ぶわーっと溢れた涙を「回していた」タオルで拭きました。頑張って良かったなと、毎年その瞬間に思えるのです。今では、お馴染みさんに会えるのも楽しみ。中小貴族様は、これからも私の「推し」です。

田付美帆（みほ隊長）平民

会場は「始まる前から」笑顔に溢れていた

僕は「アセクサンドル・ド・スッパイネン」と申します。作文を書いていると手汗で原稿用紙がべちゃべちゃになってしまう、しっとり系ぬれティッシュタイプの平民です。

二人合わせて83歳の僕とお母さんとで、2012年の12月に道新ホールで開催された『シークレット歌劇團0931☆令和3年度記念公演「シン・デレラ」〜今年も完全口パク飛沫対策舞台〜』を観てきました。会場に入ると僕は私語を一切せずに貴族ガチャの列に並びました。僕の前に並んでいた小さい女の子がガチャを回すとお目当ての貴族様の缶バッジが当たったようでピョンピョン跳び跳ねて喜んでいました。いよいよ僕の番が来てガチャを2回分回すと笑顔が可愛らしい妖精姿のラルド様と、こちらも笑顔が可愛いらしい黄色ジャージのあいざわ様の缶バッジが当たりました。まさかのメンズ2連チャンの笑顔に僕も釣られて笑ってしまい「この会場、私語厳禁だけど始まる前から笑顔に溢れてんなぁ！」と思いました。

席へ着き公演が始まると僕たち平民は舞台に釘付けになりました。

銀河祐様は麗しいお姿の上に堂々とした立ち振る舞いで会場の平民一人一人を日常生活から貴族の世界へ導いておられました。公演を通して仰られたお言葉の一言一言に平民へ向けられた温もり溢れるお気遣いが感じられ、極寒の地にいることを忘れるような温かい気持ちにさせて頂きました。

紅雅みすず様は縦横無尽に舞台上を駆け回りコミカルな動きで笑いを誘ったかと思いきや次の場面では清廉な立ち姿で平民を魅了しておられました。ユーモアの中にも優雅さあり優雅さの中にもユーモアあり、を体現されていて昨今の厳しい世相を明るく生き抜く強さを学ばせて頂きました。

星輝柚瑠様は喜怒哀楽の感情が爆発されており場面が切り替わる毎にデレイラの様々な想いを平民の心へダイレクトに訴えかけられていました。この度の公演では主役を務められスピーチで述べられた熱いメッセージには心を打たれました。

音羽美雨様は役への没入感が凄まじく本当に老婆が目の前にいると錯覚するようなリアルさと世界観に瞬く間に引き込まれました。レビューでの美しくも野性味溢れるタオヌンを拝見した際には「これで良い年が越せる」と縁起を担がせて頂いた思いでした。

観来灯足様は役柄に沿った細かい動きによる臨場感、妖艶な佇まいから醸し出される静けさ、一転ガバッと目を見開かれて発せられる力強さで会場を包み込んでおられました。表情が縦にも横にもグイグイ躍動し、動作による「柔」と表情による「剛」

で圧倒される次第でした。

栄瑪ラルド様は緩急自在な声色や美しい所作の一挙一動が平民を虜にし、言葉を発せられれば鷲掴み、唄われれば鷲掴み、背景に隠れても鷲掴みと、平民の心には鷲掴みの大渋滞が発生しておりました。同世代ながら目映い輝きを放つラルド様の凛々しいお姿に感動し背中を押して頂いた気持ちになりました。

あいざわ様は9月の「中小貴族、お戯の儀。」にてそのお姿を拝見させて頂きました。大きく逞しいお身体からは想像できないほど軽快でポップな動きとウィットに富んだ言い回しの数々は他の追随を許さない唯一無二の存在です。お忙しさによりレアキャラとしての確固たる地位を築かれておりますが、黄色い声援とジャージに包まれた神々しいお姿を何卒拝ませて頂きたく存じます。

そんなシークレット歌劇團0931の札幌公演はとっても楽しかったです。また行きたいです。帰りに小樽でホルモン焼きを食べました。とても美味しかったです。

アセクサンドル・ド・スッパイネン平民

まさに運命の出逢い

たまたまSTVラジオ主催の歌謡ショーを堪能しに札幌に来た翌日、2019年3月30日にシークレット歌劇團と運命の出逢いをしました。

土曜日いつものようにラジオを聴いていたら、次週から始まる番組のつなぎとしてこの日限りの芸人の「しろっぷ」さんによる、改編特番が放送されてました。その番組の中で、次週から始まる貴族の時間の宣伝の為に銀河様、紅雅様が登場。言いたい放題のマシンガントークにハートを撃ち抜かれ、ラジオ「貴族の時間」を1回目から聴く事が出来ました。

私の献上文(投稿文)が読まれた時の銀河様のつっこみ、紅雅様、音羽様の温かい言葉がとても嬉しいです。毎週土曜日の夜が早く来ないかなと心待ちにしています。そして平民としては、年末の舞台を見に行ける事を励みにしながら、シークレット歌劇團から勇気と希望を分けて頂き、日々仕事に励んでいます。

大阪のぴかひらりん平川平民

貴族が存在する限り、私は平民であり続ける

私が「中小貴族団体シークレット歌劇團0931」の平民となったのは、忘れもしない2016年12月のこと。そこで見た景色は衝撃の嵐でした。お芝居も御衣装も楽曲も演出も何もかも胸に突き刺さったのです。

特にお芝居では笑いに溢れるばかりかと思いきや、涙が零れるシーンも…。そんなお芝居ですが、レヴューショーではこの年齢になって御多織るをあのように回すとは思いもしませんでした(回し方は公演にお越しになればわかります)。今ではすっかり「これを観ないと年は越せない」身体になってしまいました。また、公演以外にも様々なイベントを催しになられたり、ご参加なされる貴族の皆様。

特に印象に残っているイベントは、2019年4月に開催された「普玖見実×GZ(0931宮廷お針子) fashionshow ~魅惑の時間~」です。銀河様・紅雅様・音羽様・あいざわ・観来様がモデルとなり、舞台の御衣装でランウェイを歩かれ、GZ様と貴族の皆様より御衣装の制作秘話などをお聞かせいただけるという貴重なお時間でした。さらに、2017年公演「エリザベーーート!」にてトート閣下を演じた銀河様が纏ったカラスの羽根マントを拝むことができ、そのマントに包まれて銀河様とお写真を撮らせていただいたことは一生の思い出です。

最後に、何より私が貴族の皆様の虜となってしまった魅力。それは貴族の皆様の笑顔とお言葉。前向きになれないとき、心を傷めているとき、そっと寄り添っていつも居場所を作ってくださるのです。「僕らはここにいる　両手をひろげて」(ジュビレーションより)そこには紛れもない大きな大きな【愛とユーモア】が存在しているのです。中小貴族団体シークレット歌劇團0931が存在している限り平民でいる所存!

青木恵美平民

あの日私は貴族に叱られた

2021年、音更町公演のチケット発売日。音更町文化センターの窓口で席を選んで買うべく09時31分より2時間以上前から外で、既にいらしたご婦人と私の友人の3人、励まし合い寒さに耐えトイレを我慢しつつ開館を待ちチケットを購入しました。そんな努力をして得た席は、札幌公演でマントを預かっているのを見ていたので可能性がある位置…苦労が報われる?と仄かな期待の中事件は起きました…。何と銀河様が私の方へ来るではありませんか!が、喜んだのも束の間、マントは隣の人へ。私は思わず手を出してしまい、その瞬間、銀河様に

「奪い合うんじゃない!!」と叱責されたのです。その後は自らの醜い過ちへの恥ずかしさと叱責されたショックで公演に集中出来なくなっていました。

するど銀河様は、客席を巡る時に私の頬を両手で包み「さっきはすまなかったな」と仰って下さったのです!!まさに地獄から天国!!時はクリスマス!!ハレルヤが脳内に響き渡り嬉しさに涙が出て来ました…。さすがお貴族様!!〝民〟心掌握にたけています!!鞭と飴!!もう叱られるような事はしません!!でも、もし悪い事をした時には叱って下さい!!
※これが快感になって味をしめ、わざと叱られる事は致しません…多分…多分…た…ぶ…

みちたろう平民

平民の大晦日、それは年末の公演日の事を指す

平民歴16～17年目、そこそこの古参平民です。正直、芝居の内容はあまり覚えてないものが多い（笑）ので、貴族様に纏わるエピソードを作文にしたいと思います。小劇場のシアターZOOを離れて、初の道新ホールはA席がまばらに埋まる感じでしたね…。それが翌年には満席。友達と「万感の思いだね」と口にした事、昨日のことのようです。

ある年のレビューで頂いた「じょうろ」を持ってひとり帰路を急いでいると、見ず知らずの平民が声をかけてくれて寒い夜が暖かく感じました。まさに僥倖!そのじょうろは、息子が、劇中と同様に先端部分を電話機として使用して遊んでいたため紛失。じょうろとしても電話としても役目を果たせない今も、我が家にあります。家宝です。

ある日その息子を迎えに保育園に行くと、お友達が「ジュビレーション!」を口ずさんでいました。4歳で立派な平民予備軍でした。じょうろであそび、布教にも余念がない息子も今や11歳。正真正銘の平民として育っております。

また、職場では地道な布教が実を結び、平民ステッカーや缶バッジを応用したマグネットを自分のロッカーに貼り付けたり、ネームプレートやボールペンやフェイスシールドにステッカーを貼る者で溢れております。毎年12月は観劇後「あー、無事今年も一年が終わったね。良いお年を」と、キンッと冷えた夜を友と歩くのが恒例です。そう、私たちにとって、中小貴族の公演を観る日が大晦日で、翌日から新年なのです。また友と楽しく一年を終え、09新年を迎えられたら幸甚に存じます。そこそこの古参平民イヅチンより。
※家宝のじょうろとあくの強めなロッカーの写真を添付致します。

イヅチン平民

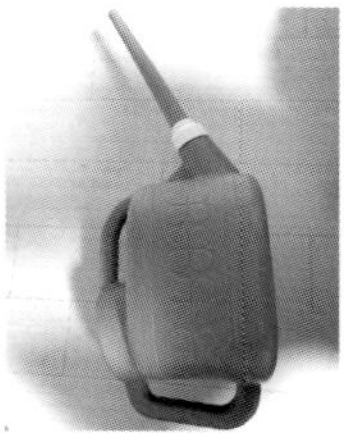

私の心を照らし背中を押してくれた

何気なくラジオで聞いたカッコイイ某歌劇団のような魅惑の番宣CM。そして何気なく聞いたラジオで貴族の皆様と平民の皆様の楽しい時間。私の中で某歌劇団で大好きな歌「ジュビレーション」がエンディングに流れてきました。しかも、中小貴族様の歌声で。

人との別れ、そして自分の病気 自分のどこまでも消極的で上手くいかないことに 疲れ切っていた私の心を 暖かく照らしてそっと背中を押された気がしました。ラジオで献上文（メッセージ）を読まれ、自分のラジオ平民ネームを貴族の皆様に呼ばれた時はもちろん涙が出るほどありがたく、震える程嬉しいですが、平民の皆様の、貴族の皆様を語る愛溢れるSNSでの発信やラジオでの楽しい献上文、貴族の皆様とのほのぼのするやり取り、全国に平民の輪が広がるというその事が、まだまだ新米平民の私でも本当に嬉しいです。

事情があり、大きな場所で長い時間公演をなかなか観ることが難しい私は、平民としてはまだまだ新参者ですが、ラジオ平民として中小貴族の皆様に出会えて、ものの見方が前向きになり毎日楽しい日々を送っています。語彙力皆無で上手く言葉に表せませんが今本当に幸せです。これからも貴族様、平民の皆さまが笑顔で日々楽しく過ごせますように。皆さんに出会えてよかった!

網走のうさこラジオ平民

なんと面白い方々が北海道におられるのか

私が中小貴族の皆様を知るきっかけになったのは、2019年3月末のことです。北海道旅行中、そう、足寄の銀河ホールが見える交差点を過ぎ、一路阿寒湖へ向かってレンタカーを走らせていた車内の

ラジオでした。AMラジオしか取れず、なんとか受信できたSTVラジオを聴いていたところ、4月から始まるラジオ「貴族の時間」の番宣番組を耳にしたのでした。

何度も北海道へ足を運んでいたのに、それまではその存在を全く知る機会を得ることなく過ごしておりました…。ラジオを聴くようになってからは、なんと面白い方々が北海道におられるのか！と衝撃を受け、関東は神奈川県から拝聴しております。もちろん初回から欠かすことなく、です。配信番組「貴族の宝石箱」も毎回楽しませていただいております。このご時世（コロナ禍）故に、本物の「平民」になれずにいることをどうかお許しくださいませ。またその日を心待ちにしております。

どうか末永く、平民たちを愛してくださいませ。そして私たち平民も末長く貴族様を支え、応援させていただく所存にございます。

たとはみーゆ平民

今一番の推し

STVラジオ「貴族の時間」で09の皆様の存在を知り、嵐ロスだった私の心にジワジワと活気が蘇り、いつしか1番の推しになりました。これからもずっと追いかけて参りたいと思います。

景麒ラジオ平民

出会いは貴族のLINEスタンプでした

私の貴族様との出会いは「LINEスタンプ」でした。友人や従姉妹とのやり取りで、ちょっと一風変わっていて面白く、尚且つインパクトがあるスタンプを探している最中にシークレット歌劇團の公式LINEスタンプに辿り着き、一目惚れして即購入したのがきっかけです。

最初は何者かも知らず、あれ？なんかコープさっぽろのYouTube動画で見た面白い人だよな？くらいの認識でしたが、知れば知るほどツートップの御二方の面白さ・魅力の虜に…。シン・デレラの公演が年末にあり、間もなくチケットの発売が始まるというタイミングで公式ファンクラブ「平民友の会」入りをしました。これからも華麗な貴族様でいてください！ついて行きます!!

あずにゃん夫人平民

エンタメ界のクイーンだと思う

平素より大変お世話になっております。ワタシはラジオ平民であります。ラジオ「貴族の時間」を拝聴して勉強になったことは「風邪気味ならばエゾエースを飲め!!」です。エゾエースは栄養ドリンクのKINGらしいという事を知りました。シークレット歌劇團0931は、STVラジオ界のみならず、エンターテイメント界のQUEENです。今後とも末永くお付き合い、宜しくお願い申し上げます。

スットコドッコイ大公ラジオ平民

どっぷりと09沼にハマらせていただきます

貴族の皆様との出会い…それは主宰の愛海夏子さんからでした。元々役者もやっていた愛海さんが大好きで当時客演されていた別の劇団の舞台に行き、その時入っていたフライヤーで「0931」を知り、初の単独公演は仕事で泣く泣く行けなかったものの（今でも心残りです）、2回目以降江戸に来るまでは必ず観劇し、頑張って当時のプレミア席「スペシャルシート」をゲット。イベントで0931が出ると知れば必ず参戦しておりました。

主に小劇場時代の想い出が多いのですが、あの頃は距離が近かった為、毎回キュンキュンしながら『今回は銀河様からスイーツを頂けるかしら？』とドキドキしておりました。「スペシャルシート」以外のチケットの時は自由席なので早目に劇場に行き、並び、頑張って席取りしたのことも本当に楽しかったです。あるイベントで銀河様にデコチュー&お姫様抱っこして頂いたのは一生の想い出です。江戸に来てからはなかなか公演やイベントに行けなくなりましたが、ラジオ「貴族の時間」のお陰で寂しくなく、心はいつも北海道&0931LOVEで元気を頂けております。これからもお身体にお気を付けていつまでもキラキラ貴族で居て下さいませ。いつまでも0931沼にどっぷりとハマらせていただきます。一生大好きです！

maki古参平民

心に刺さった、あのお方のお言葉

私が勝手に「貴族の名言大賞」なるものを立ち上げることができるのなら、2021年の大賞は、このお言葉以外にない。

「こんな時代だからこそ、皆さんに笑いを届けたい」

シークレット歌劇團0931の2021年度音更公演『シン・デレラ』のレビューショウにおいて歌劇團トップの一人・銀河祐様が平民たちに贈ってくださった一言である。

何かと閉塞的であり制限も多くモヤッとした日々を送っているに違いない平民全員に対してのお言葉だったのだが、私自身がこの数年、何が許され、何が良くて、何が正しいのか、手探りしながら生きてきたのでそのお言葉はガツンと心に刺さった。そうだよ。何だかスッキリしない毎日でも笑っちゃダメなわけはない。笑えばいいんだ。

そんな世界に我らを導いてくださり、真剣にかつ全力で、感動と笑いを届けてくださる銀河祐様、紅雅みすず様、ほか個性的なメンバーからなる、愛とユーモアに満ちた劇団。それがシークレット歌劇團0931。

出会うのには時間がかかったが、出会えて良かったと心から思う。そして、これからも多くの人が中小貴族たちに出会ってほしいと心から思う。

オホーツクの蝦平民

オリジナル曲「愛は永久に」が心に残っています

このたびは20周年おめでとうございます！初めて小劇場でシークレット歌劇團0931の舞台を観た時は、衝撃を受けました。今まで自分が思っていた「芝居」のイメージとは全く違う、美しい照明や音楽が彩る世界。歌や笑いもあり、全てが刺激的な世界で、一瞬にして別次元にワープしたような感覚に陥りました。

何より一番感動したのは、ストーリーに深いテーマがあり、人々の心に伝えようとする思いが込められていることでした。シリアスなのに笑えるところが満載で、どんな展開になっていくのか、いつもドキドキワクワクしながら舞台を観ています。きっと、「面白かった！」という気持ちの平民さんが多いのではないかなと思うのですが、私は毎回、面白いのはもちろんですが、脚本家の愛海様（シークレット歌劇團の主宰）が、作品を通して伝えようとするメッセージが深く心に響いて感動で胸がいっぱいになります。

そして、愛海様が作るオリジナルの劇中歌も素敵で、中でも一番印象に残っているのは、2011年の「薔薇の悪戯」の中で銀河様演じるロマン王子が歌われた「愛は永久に」がずっと心に残っていて、もう一度聴きたいと今でも思います。

心を元気にしてくれる素敵な舞台、もっとたくさんの人たちに伝わることを心より願っています。

梅津古参平民

2年越しでついに謁見が叶い、こぼれた涙。

愛知県民の私がシークレット歌劇團0931を知ったのは、2019年の夏。北海道の実家にレンタカーで向かう車中でした。当初、他局を聞く予定でしたが選局を誤り「ま、いいか」となんとなく「貴族の時間」を流していたことに始まります。聞き終えて「なんて面白い番組なんだ！」と。番組名をメモし、愛知に戻り北海道のラジオ番組をどうしたら愛知で聞くことができるのか？色々調べる毎日でした。私はその時すでにシークレット歌劇團0931の虜になっていたんだと思います。

私が初めて中小貴族の皆様に謁見出来たのは2021年3月の過去作品を振り返るトークショー「中小貴族、お戯れの儀。」でした。2年越しで謁見できた際には涙がこぼれ落ち、夢中で手拍子をしていました。それから2021年9月の「お戯れの儀」へも行きました。ここでは平民の皆様にお声をかけていただき貴族さまを取り巻く「平民コミュニティー」が存在することも実感し、私もその一員になれた事がとてもうれしかったです。

そしてついに待ちに待った2021年12月の本公演。なんと直前に事件が起きました。公演の1週間前、他の方が運転する車に同乗中、横転する事故に巻き込まれてしまったのです。即、入院となり公演の参加は絶望的かと思われましたが、貴族様のご加護か何とか3日で退院することができ、何とかたどり着いた大雪の札幌、目指した道新ホール。お知り合いの平民みなさまには事故のご心配をして頂き、ほんと嬉しかったです。皆が同じTシャツ、同じタオルを回す。中小貴族のルールを守り、観劇する平民の皆様の姿。素晴らしいコミュニティーだと再確認いたしました。苦労のかいがあり初めてみる公演が、とても素晴らしかったことを今でも目を閉じると鮮やかに思い出す事ができます。

現在ではひょんなことから、全国平民化計画（「全都道府県に平民を配置するという遊び」を全力でやるキャンペーン）において、全国にいる平民を確認し、平民分布地図を作るお手伝いをさせて頂いております。貴族様、これからも益々のご活躍を。

愛知県のナナシ平民

〜主宰愛海が語る〜中小貴族団体の
「ナカノヒトビト」

舞台音響と音効のヒトビト

シークレット歌劇團0931の舞台音響を貴族誕生の頃から担当してくれているのが、宮廷音響師、安鼓織《あんこーる》 響《ひびき》さんこと梶野泰範氏（株式会社ステージマインド）。彼は銀河と紅雅の誕生を目の当たりにしている貴重な目撃者だ。それも本番前のリハーサルから。「演歌の殿堂【日音歌謡ホール】にて、主催サイドとして出演者を招聘《しょうへい》する立場で迎えた得体の知れない2人（銀河様と紅雅様）はインパクトの塊でした。私はココで初めて、本番中に裏方として会場にいるにも関わらず大声で笑う、ということの潔さを覚えました」。私も覚えているが確かに彼は何のためらいもなく高らかに笑っていた。

そんなこんなで20年を共にしてきた安鼓織さんに、過去の印象に残っているシーンは何か聞いてみた。「完全に個人的な好みですが」と前置きし、速やかに列挙してくれた。

「銀河さんが、『…お待ちかね…スイーツの時間です…』と不敵な笑みを浮かべながら腰を落としスタンバイする所。そのタイミングでスイーツの時間に流す例の曲をスタートさせる瞬間が一番気持ちいいのです。あと銀河さんが『ジュビレーション！』と叫んで背を向ける時も同様。紅雅さんが歌いながらハゲヅラになる時のたおやかさとドヤ顔。『愛』と言う台詞をたっぷりと言う紅雅さん。『ロミオじゃなーい！』と叫ぶ音羽さん。バルコニーでロミオと絡む音羽さん。エアギターでエアーペダルを踏む音羽さん。おもむろに舞台袖から登場し、センターでタオルヌンチャクをやりそうでやらずに首を傾げながら舞台袖へハケる音羽さん。レビューのフィナーレ前で、トップが会場を回っている間、舞台上を我が物顔ではしゃぎまくるあいざわ先生。『ってか、お前誰！？』って言う観来さん。南京玉すだれの技の情報を教えたら、次の稽古で既に会得していた星輝さん。Adoの『うっせぇわ』の替え歌『せいいっぱい』の超絶難しいフレーズをサラッと唄えるラルドさん。…が、印象に残っている…と言うか、好きです」

さすが、長い間共に並走してきてくれた宮廷音響師。

舞台上で心情をBGMで表したり、レビューで会場全体の空気を上げてゆくにはその選曲はもちろん、音質、音量、など細やかな演出が欠かせない。音源を揃え、まとめることも重要なのだ。結成当初から音源に関する準備を全面的にサポートしてくれたのが依本慎也氏（パイルアップサウンズ）であった。大変な無理を聞いてもらって無事本番に臨むことができていた。このご恩は決して忘れない。現在は彼の会社に所属するユウスケ氏が後を継ぎ専属の宮廷音響師となってくれている。2020年からの「完全口パク飛沫対策舞台」に於いては全編の録音、ミックス作業で濃い時間を共に過ごしている。この「完全口パク」の収録は、ただ録音して完成するものではない。収録から完成に至るまでの作業時間は延べ20時間。公演当日ホールで音を出す安鼓織さんと、事前に音源をそろえたりミックス（音の編集）をしてくれるユウスケ氏と私の3人で最終調整をし、平民の皆様にあの音を届けている。

ユウスケ氏は印象的なエピソードとして「みんなで一丸となって深夜まで録音作業をしたことと、年々団員の皆さんの歌唱レベルが上がっていってること」と振り返っている。貴族の伸びシロは無限大だ。

照明のヒトビト

舞台照明担当者を宮廷幻灯師、と我々は呼んでいる。初単独公演から13年にわたり、小さな舞台にギラッギラの明かりを灯し続けてくれたのが上村範康氏（ラフミュージック）だ。B'z札幌ライブの照明やダンスステージの照明などもこなす彼が、小劇場の天井が抜けるほどの照明機材を下げてくれグルグル動く照明でビッカビカのレビューショーを展開してくれたことは印象深い光景だ。

彼は普段からクールで、調子に乗ったりゲラゲラ笑ったりしない男。そんな彼が通し稽古にやってきて、団員の芝居に噴き出す瞬間を盗み見ては「彼が噴き出すなら平民の皆様はこの瞬間大爆笑するに違いない」と、私は密かに判断材料にさせてもらっていた。ある時は耳まで真っ赤にして笑い崩れていた。その時の表情が忘れられない。「どう？」と聞いたら「ほんと、バカですよねえ。最高じゃないですか」とニヤッとしていた。

２０２０年春、闘病の末彼は旅立った。享年50歳。あまりにも早過ぎる別れだった。

２０１７年からは、舞台照明、舞台美術、舞台演出は舞台制作会社「ステージアンサンブル」が一手に引き受けて下さることに。照明の担当は貴族ネーム燦々《さんさん》さんこと矢口友理氏（ステージアンサンブル照明部チーフ）。初めて稽古場に訪れた時、クールビューティーの燦々さんが銀河と紅雅のアピールに圧倒されながらも、すぐに平民の気持ちを理解してくれた。彼女のプランニングする明かりは最高だった。しかも最初の年から客席の最後方に組んだ照明卓で静かに「タオルを回していた」。ジャンジャン照明を操っていた。それは痺《しび》れるほどカッコよかった。

貴族の舞台は芝居とレビューの二部構成なので照明プログラムは盛り沢山で大変だと思う。だが、彼女のボス、ステージアンサンブルの桒重《くわしげ》社長は「伝説の照明マン」として名を轟かせているお方。照明センスが抜群な燦々さんに加えて、伝説の照明マンのダブルチェックでとんでもなく完成度の高い舞台照明を団員たちは浴びているのだ。誠に贅沢な話である。

照明は本番前日に現場で組んだ後、細かい調整が必要な分野。私は真っ暗な客席に腰掛け、舞台を照らす照明の微妙な角度を調整してゆく作業を眺めるのが好きだ。それから楽屋にふらり立ち寄る。宮廷お針子が最後のひと針を衣装に入れていたり、音響さんが粛々と団員が装着するヘッドセットマイクの準備をしていたり、宮廷髪結師や化粧師たちが鏡前で本番に向けて作業を進めている。舞台袖に向かうと宮廷総指揮官が指示を出す後ろ姿が見える。その全ての光景が尊い。

平民の作文 第5楽章

平民の想像を軽々と超えてくる中小貴族

シークレット歌劇團0931のどこに強く心を奪われるのか、いち平（和を愛する）民としてあらためて振り返ってみると、歌にダンス、それから笑いどころ満載のお芝居が素晴らしいのはもちろん、私個人としては第二部のレビューをいつも楽しみに道新ホールへ足を運んでいることに気が付きました。

　トップスターの軽快なトークを始め、「そうきたか！」と膝を叩きたくなる、こちらの想像を軽々と超えてくるコミカルな演出のショー。「タオルまわし」や「スイーツタイム」には、一年これを楽しみに頑張ってきたのだ！という平民の熱気と期待が会場に満ちるのもたまらない。

　貴族たちの「よく来たな！」という言葉と共に背中の羽でねぎらわれると、どんな憂いや疲れも笑いと共に吹き飛び、また貴族に会う日まで健康で過ごそうという決意がみなぎってきます。

　どうかこの先も貴族の皆さまが健康でありますよう、そしてこれからも末永く私たち平民にその独自の美しき、コミカルな世界を披露してくださることを願っています。

ルドルフ平民

夫婦ともに中小貴族の沼にハマっております

私が貴族を知ったのは「貴族の時間」の放送がSTVラジオで始まるという番組宣伝でした。とても気になる宣伝なのになかなかタイミングが合わず、気になる存在のまま2年。２０２１年春から毎週土曜日に放送時間が変更になったきっかけで遂にラジオ平民デビュー。独特の世界観とテンポに引き込まれ、あれよあれよと興味深い存在へ…。

　その年の12月、遂に平民デビュー。今では夫婦共に中小貴族の沼にハマっております。これからも私達平民をワクワクさせて下さいね。いつまでもお慕い続けます…。

checco☆平民

大事なことだから2回言います

中小貴族の皆様は、変わり映えのない毎日にも、いろんな色がある事を私に教えてくれた存在。雨に濡れたことさえも楽しくしてくれる存在。腹ペコな時も気を紛らわせてくれる存在。泣きたい時には優しく包んでくれる存在。前を向けない時にそっと背中をなでて勇気をくれる存在。素敵な仲間達を結びつけてくれた存在。いい事も悪い事も全部いい事にしてくれる存在。

　なんなら、お二人が背負う羽根のためなら（いやそんな企画はまだないが）お昼のランチを我慢しておにぎりを握るのだってへっちゃら。そこに行けば必ず逢える。そこに行けば必ず待っていて下さる。欲しがる事を許していただける。宝箱を開けたら愛とユーモアとハッピーがいっぱい。貴族の皆さま本当にありがとうございます。心から愛しています。大事だから2回。

欲しがリータ平民

平民として努力していきたい

「何が貴族だ、平民だ」

ラジオから流れる「貴族の時間」番宣CMを聴きながらいつもそう思っておりました。ある日うっかりその番組を聴いてしまったとき、貴族を始め同世代のラジオ平民の方たちの話に引き込まれ、それからというもの毎週欠かさず聞くようになり笑わせて頂いております。

　この度は本を出版されるということで、まさかの参加型。公式ファンクラブ「平民友の会」に入会して3年目になりますが、いまだに平民の文字が入ったTシャツを買う勇気がなく、エコバッグと「平民」の文字刺繍が小さく入ったタオルハンカチでの平民アピールです。もし本に載れたなら、次こそはTシャツを購入して平民仲間の皆さまに道端で声をかけてもらえるよう努力していきたいと思います。これからもどうぞよろしくお願いいたします。

アカノサカノリコ平民

「Z席」の奇跡。最後まで読んでほしい

以下は、2年前の11月に、「STVラジオ」へ送った初めての献上文になります。採用して頂いた時の感動は、一生忘れることのない宝物となりました。

「Z」から承った幸運は今もまだ続いております。私は、現在も会社員として勤めております。小学6年生になった息子、小学4年生なった娘は、共にプレゼントして頂いた「貴族の時間ステッカー」をランドセルに貼り布教活動に日々精進しております。妻はお財布に優しいコープの「トドック会員」となり、家庭・食卓に潤いと喜びを与えてくれています。本当にありがとうございました。これからもどうぞよろしくお願いいたします。

【献上文】

銀河様、紅河様、そして貴族の皆さま、こんばんは。初めての献上文、どうかお許しください。私、この新型コロナウイルスの影響で今年の4月に職を失ってしまいました・・・。小学4年生の息子と小学2年生の娘の父親として、愕然とした日々を過ごしております。その間、100通以上もの履歴書を企業宛に送付はしてみたものの、全て書類選考で落とされ、面接に辿り着けるものは一社もありませんでした。落ち込むばかりで、今考えてみましても、妻や子供たちにも自分の感情だけで辛く当たっていたことを深く後悔しております。そんなときも、私にとりましてはベッドの中で拝聴させていただくラジオ「貴族の時間」だけが心の支えとなっており感謝しております。

どんなに辛い日々のことも、この時間だけは忘れることができ、明日はなんとかなるのではないか、という希望を与えていただきました。貯金は生活費となり殆ど底を突き始めていたのですが、どうしても「令和2年度記念公演・ロミオとジュリエットと・・・2020」において、貴族の皆さまに謁見させていただきたかったので、「瞬殺」承知でチャレンジしたところ何と幸運にも「Z」席を購入することができました。何という奇跡でしょうか。今年の漢字一文字ならぬ、アルファベット一文字は、私に取りましては「Z」となりました。

そして、ここからが本題です。

「Z」席を購入できた日に電話がありました。履歴書を送っていた会社からのもので「是非、あなたの経験を当社で発揮して欲しい」という採用の連絡でした。こんなことがあるのでしょうか。私にも貴族の皆さまの高貴なオーラが降り注がれたのでしょう。12月から、また会社員として復職できます。まずは、貴族の皆さまに、この感謝の気持ちをお伝えしたかったのです。そして、辛く当たってしまっていた子供たちには、サンタクロースとして、きっといただけるであろうと願う高貴な「貴族の時間ステッカー」をクリスマスプレゼントにしたいと切に願っております。どうかよろしくお願いいたします。Z席から貴族の皆さまに謁見できることを今から夢見ております。(当時のまま)

カピバラ平民

私の人生の足元を照らす灯りでいて欲しい

ラジオなど聴く習慣がなかった自分がたまたまSTVラジオにチャンネルを合わせたのは、2018年9月、胆振東部地震の時の事。

スピーカーから流れていたのは「洋二と明石の無口な二人」というくだらない番組でした(褒め言葉)。それ以来自分にとってSTVラジオが日常生活の一部になっていたある日。「貴族の時間」と言う新番組の番宣が流れ始め、銀河様、紅雅様の独特の掛け合いが妙にツボにハマってしまい初回放送から聴く事になったのです。

そして運命の日がやって来ました。

平民の間では伝説の「くしろ益浦夏まつり」。住んでいる帯広から近い事もあり野次馬根性で観に行ったところ、雨天を晴天に変えるほどの貴族のパワー。ツートップの歌とトークの面白カッコ良さ。ほぼ初見の釧路市民を熱狂の渦に巻き込んだ神ステージを体感し、自分もすっかり貴族沼に落ちてしまいました。(今は勝手に「平民友の会帯広支部」だと思っています)

「もう一生、この人たちについて行こう!」

そう決めたあの瞬間から自分の人生も好転していった…そんな気がします。これからも25年、30年と私の人生の足元を照らす灯りになって下さいます様、切に願いつつ筆を置かせていただきます。

アイネクライネナハトムピエロ平民

誰か木古内町のエライ人に伝えて

2019年「くしろ益浦夏まつり」にゲスト出演

したのが「シークレット歌劇團0931」の銀河様と紅雅様だった。祭りに行けなかった私に、平民の友人が貴族のステージの模様を動画で送ってくれた。笑激（しょうげき）を受けた私は、この感じが絶対好きであろう人、「オンドレ桜木」に動画を転送したのだ。

そこから、私たちの動きは早かった。面白いことは分かち合う精神で、友人、知人に声をかけてファンクラブ「平民友の会」に入会し、年末のステージに参加した。年代、居住地が違う6人はそれぞれが抱えていた問題を忘れて、何者でもない「ただの平民」となり、笑い、泣き、熱いものを感じた。

「また1年頑張れる！」

「この年末のステージを楽しみに、また会おう！」

この言葉を愛言葉に以後3回集合している。ヘロヘロな私たちがワクワクを手にして新年を迎えることが出来るのはシークレット歌劇團のおかげです。心から感謝です。そして、このワクワクをもっともっとたくさんの人に感じてもらいたい！まずは「何の楽しみもない」という、足の悪い85歳の母が住む木古内町でシークレット歌劇團のステージ開催希望です。

釧路のＪＪ平民

夢は最前列の寿席です

ＳＮＳで存在を知った０９３１。この方たちは？と疑問に思っていたところに、コープさっぽろ「トドック」のチラシに「スカーレット・ピンポンパーネル公演」のチケット情報が！！！迷いながらも申し込み、ドキドキしながら道新ホールに行ったことを覚えています。

Ａ席の後ろの方でした。もちろん楽しかったけれど、「観るだけ。完全放置のオーディエンス」と明言されている席。次はやはりあそこに行きたい！と、翌年からは「絶対スイーツ」のＺ席に。今では０９３１繋がりの友人もでき、毎年の公演を楽しみにしております。そしていつかは寿席に！と夢見ているところです。いつまでも私たちに華麗なお姿を見せ続けてください。

江別の桜平民

鹿児島で「平民だ」と、カミングアウト

数年前の雪の日、熱心な古参平民に誘われるがまま道新ホールで待ち合わせ。手拭いやらペンライトやらのお作法指南を受け、グッズも買うように執拗に勧められました。今思えば、お手本のような先輩平民でした。初めて目にする中小貴族・・・何か楽しい。何だか涙出る・・・。こうして齢50前おじさんは平民になりました。

鹿児島に居を移した現在も、12月の０９３１記念公演は欠かさず参加しています。遠方からやって来た平民を、貴族は特別にいじって下さいます。「鹿児島！」と叫んだ私は可愛い熊（ちゃまくん）を貴族から授かりました。神々しい銀河さま・紅雅さまに肩をぽんぽん叩かれ、客席の平民の皆からは拍手で祝福されました。褒められるなんていつ以来だろう。なんて誇らしい。雪降る帰り道は熊と一緒に真っ白になりました。

貴族の言いつけを守り、鹿児島の自宅まで飛行機の空の上、九州新幹線でもずっと熊を抱いておりました。周囲から投げられたあの視線は羨望にちがいない。平民の務めを果たし、とても清々しい気分でした。

中小貴族のスイーツの布教がない鹿児島では黒糖は買えますがあのスイーツは見当たりません。それから先日、思い切って北の地の道新ホールで手拭いを回し平民Ｔシャツを着た私の写真を職場の仲間に見せました。実は自分は平民であると。平和を愛する民であると。

鹿児島の鈴木平民

平民の皆様もひっくるめて「推し」です

私と貴族様の出会いは２０２０年４月「最近聴き始めたラジオ番組が何だか面白い」という主人からの勧めでした。

突然のホイッスル、「♪〜〜どんぶりチャンピオン！」という謎の空耳フレーズに始まり、気づけば30分経っておりました。内容はほとんど覚えていないのに（失礼）、とにかく面白かったという感想だけが残る、まるでタ◯リ倶楽部のようなラジオにすっかり夢中になってしまいました。

それから半年経った頃、「ラジオを聴いているだけでは平民にはなれない！真の平民は舞台を観た者だけだ！」と銀河様のお言葉。雷に打たれた様な衝撃を受け、私も平民になりたい！と思いました。でも、なんだか怖い。私なんかが観に行っていいのだろうか。場違いじゃないかと公演日が近づくにつれ不安が募りました。

そんな時、「怖くないよ。わからないことがあったら先輩平民に聞けばいい！」という銀河様の言葉に、またしても衝撃を受けたのです。

そうして挑んだ初めての貴族の公演。中小貴族団体の素晴らしい舞台＆会場に益々虜に。隣席の夫は星輝様の愛らしさにやられ、銀河様から頭をぽんぽんされた後には「いいにおいがする…」と完全に心奪われておりました。

タオルを回し、平民Tシャツ、グッズの帆前掛…びっくりする正装（いでたち）でありながら、マナーを守って楽しむ人々を見て「貴族を愛し貴族に愛される平民」という存在さえも私の推しになりました！

シークレット歌劇團0931は私の人生をちょっとだけ色鮮やかにして下さったことを感謝申し上げます。これからもどうぞお体を大切に愛とユーモアを届けてくださいませ。

小樽市のびねがー平民

オホーツク平民化計画実行中

私とシークレット歌劇團0931との初めての出会いは、STVホール公開放送の時。ゲストで羽を付けて乱入して来たお二人。その時は、羽を付けて、派手な化粧、ただ、うるさいお姉さんとしか記憶にありませんでした。

それから数年、車で聴いた「貴族の時間」にハマり、あの時のお姉さん達だと思い出しました。今では、番組に献上文を差し上げ、ステッカーまで頂き（オホーツク平民化計画を報告しました）、今や「全国平民化計画」へと広がって行っている事が嬉しいです。こんな楽しい歌劇團をぜひ皆様に知ってもらいたいという思いで「オホーツク平民化計画」を続けていきます。これからも、シークレット歌劇團0931とラジオ番組「貴族の時間」応援させて頂きます。

みーミツ平民

震えるほど笑い転げたあの日

最初にシークレット歌劇團を知ったのはたしか2010年。わたしが一緒に暮らしている男と別れたい、と思っていたころだったと思う。リア充ならぬ「リア不自由」だった私に、当時一番必要だったのはユーモアだった。

幼少のころ、宝塚のオスカルとアンドレに心を奪われた身として、役者のツートップが宝塚風のキラキラネームを持ち、自分たちのことを「愛とユーモアを平民に授ける『中小貴族団体』である」というその建て付けに「こんな素晴らしいセンスを持った集団がこんな近くにいたなんて」とその演出、ストーリー、世相を押さえた切り口、どれをとってもピカイチで、震えるほど笑い転げたあの日が懐かしい。あれから10年以上が経ち、元号も変わった。いまやファンクラブを持ち、冠番組を持ち、大きなホールで演じるほどに成長した中小貴族団体だが、いまも「冗談とはみんなで愉快に笑えることをいうのです」という「エスパー魔美」第６巻の高畑和夫くんのセリフのように、痛快な「冗談」を本気で魅せてくれる貴族様の未来に栄光あれ。

橋本亜矢（Ayakovsky）平民

0931は現代の〝阿国（092）歌舞伎〟だ

「ねえねえ？シークレット歌劇團0931って一体何者？どんな舞台？」

チケットを買ってみたいのだが、その一歩を踏み出せない〝平民予備軍〟から聞かれることがこの数年でとても多くなった。しかし、0931の魅力を一言では説明できないし、銀河様・紅雅様を〝何者〟と表現するのは恐れ多く難しすぎる。

「宝塚のパロディなの？」平民予備軍から二言目に出てくる質問は間違いなくコレだ。確かに銀河様・紅雅様のお姿は、宝塚歌劇団のトップスターと見間違う程の気品と麗しさで公演も宝塚と同様に芝居とショーの２本立て。でも、パロディと括ってしまう様な薄っぺらい存在ではないのである。

この作文を書くにあたり、同じく平民の夫と「0931とはなんぞや」プチ夫婦会議を開いた。すると、平民恒例のタオルをまわす姿が「可愛すぎる」と銀河様からお褒めの言葉をかけられた夫が真顔でこう呟いた。

夫「おくにかぶき」

私「092…歌舞伎？違うか。あ、〝阿国歌舞伎〟ね！」

意表を突く夫の考察に吹き出しそうになったが、すぐさま阿国歌舞伎を調べる。『1603年出雲阿国によって始められた歌舞伎踊り。それ以前の女猿楽や念仏踊を総合したもので、女性が男装し劇的な筋をもって踊った。その異様な風体や享楽的劇風は民衆中心に人気を博す』（出典：旺文社日本史事典 三訂版）

『念仏踊り系統の舞踊と滑稽な寸劇とからなる。

歌舞伎の始めとされる』（出典：小学館 デジタル大辞泉）なるほど。

「〝女性が男装〟〝滑稽な寸劇〟…ほら、0931と共通点あるじゃん？」とまるで世紀の大発見をしちゃったかの様に2人して熱く語り、ぽんぽん膝を打つ。歩くパワースポットみたいな銀河様と紅雅様は出雲の巫女「阿国」の生まれ変わりだと言えば誰もが納得だし、0931は「現代の阿国歌舞伎」と呼んでも過言ではなかろうか。そのうち、「ジェンダーフリー提唱の先駆者」だの、「愛と世界平和を伝えるインフルエンサー」「平民活動は元祖〝推し活〟」だの、日曜の昼下がりに議論が白熱する平民夫婦。

冷静になって結論。一度観なけりゃ分からない…その正体は、勇気を出して舞台を体感した人のみぞ知る。何者にも例えることができない「唯一無二の存在なのだ」・・・って、あれだけ壮大な考察は何だったんだろう。でも、そんな事を夫婦で笑いながら真剣に話し合わせてくれるのも世界平和を夢に掲げる0931の魅力、いや魔力なのかもしれない。

松本裕子平民

昨今のM-1王者よりもおもしろい

2019年12月13日道新ホール、私と中小貴族は運命の出会いを果たした。私は何の予備知識もないままシークレット歌劇團0931令和元年記念公演に足を踏み入れ、帰る頃には中小貴族沼にどっぷりとはまっていた。

公演は終始、衝撃と笑いの嵐であった。中小貴族は昨今のM－1王者よりもおもしろい。いや、おもしろ過ぎる。中小貴族は我々に想像を上回る衝撃を与えてくれる。さながら、何メートルもの高さから飛び下りるバンジージャンプのようだ。その衝撃は、やがて笑撃へと変わる。

あの運命の出会いを忘れられない私は、今も中小貴族を追い続けている。中小貴族は私の生きる糧である。とここまで書いたが、思いの丈を言葉では上手く言い表せず、大変もどかしい。中小貴族の素晴らしさは筆舌に尽くし難く、もしこれを読んでいる「未平民」がいるならば、是非とも公演に行って欲しいと思う。

最後に、「あいざわのいないシークレット歌劇團0931は、スパイスのないカレーと同じだ。」と私の相方が申している。

みみみのみー平民

老いることへの「期待感」貴族が教えてくれた

わたくしタケクミが「貴族の時間」という中小貴族のラジオを聴き始めたきっかけは人生のドン底にいた頃でした。まさに泥舟に乗って瞳の奥がどんより濁りかけていてそのまま沈んでいこうとしていた時に何気なくラジオから流れる貴族の高笑いを聴いていました。30分番組はあっという間に過ぎるのに、内容の濃ゆさ、真面目なくだらなさや独特のゆるさが楽しくて、思わず声を出して笑ってしまうことが多くなりました。

小さなことでクヨクヨしている自分が恥ずかしくなるくらいでした。それからも貴族の声に集中して耳を傾けるようになりました。時には平民の真剣なものからどうもなんないことを親身に聴いてくださり「○○平民！よーしよぉーくやったーぁ！」と鼓舞してくれる貴族の愛とユーモアあふれる時間！泥舟から宝船にひょひょいのひょいと飛び乗った心持ちに。

平民と向き合う貴族のひたむきさにあっという間に心をもってかれました。そして貴族から学んだことは年齢をかさねること、老いることはちっともこわくないや！むしろ楽しいことなんだよ？ということです。前職は認知症のかたへの介護のお仕事をしていましたが高齢者の入居者さんによく言われた言葉があります。「トシをとってなかなかすぐに動けなくて・・・いろいろ迷惑かけてばかりでごめんなさい」と。トシをかさねることとは迷惑かけることではない、否！トシ関係なく、生きていれば迷惑はかけるもんだ、そこはもちつもたれつ！トシをかさねることはちっともごめんなさいなんかじゃないよ!?と声を大にして高齢者の皆さんに言いたいのです！

老いることへの期待感は貴族から学びました。ありがとうございます!!貴族の存在はこれからは北海道の中だけにおさまらないんでないべか？と思わさった次第です!!追伸～次は貴族の紅白歌合戦かな!?笑

北海道の武田久美子（タケクミ）平民

アイザワは常に何か振りまいている。無駄に。

私のシークレット歌劇團0931は、アイザワと共にある。アイザワは一挙手一投足まで、なにがどうしたってぐらいに「アイザワ」なのである。それは神が彼に与えた天賦の才「アイザワ」。形容することす

ら憧れる「アイザワ」。奇跡の「アイザワ」。

あのクセの強い面妖な漢を素通りできたものは幸いである。アイザワは常にどこかになにかを振りまいている、無駄に。イラつく、ザワつく、心の水面を逆なでしてくるようなザラつき感で、アイザワは私の視界を支配する。奴のおかげでお芝居の半分も理解できない。私は、そんなアイザワが大好きだ——！

Narita Mayumi 平民

ラジオ番組「貴族の時間」元担当ディレクター

私のアイドルだったマイケル・ジャクソンは、かつてビリー・ジーンのパフォーマンスでムーンウォーク、スムース・クリミナルでゼロ・グラヴィティ（斜め立ち）を披露して、世間の度肝を抜きました。今見てもわくわくさせられます。

どうか貴族の皆さまには、歌にダンスにお芝居、流し目、タオルヌンチャク・・・と、南京玉すだれを超える〝何か〟で私たちを楽しませて下さい！私も微力ながら、ラジオや口コミで下支えさせていただきます。貴族さま、わーっしょい、わーっしょい!!

たまD平民

ラジオ「貴族の時間」現担当ディレクターより

２０２２年20周年おめでとうございます。私が「貴族の時間」を担当してまだ数ヶ月…記念すべき貴族の本に私の想いを書かせて頂くなんておこがましいのですが、素敵な体験をさせて頂けることを嬉しく思います！

「ターニーD」から「たまD」へ、そして「たまD」から私が引き継ぐという話を聞いたときは、内心不安でした。たくさんの平民の皆様が楽しみに、そして大切にして下さっている「貴族の時間」を私が担当して大丈夫だろうかと…。

ですが初回から楽しく、プロのお仕事を間近で拝見できて、毎回幸せな時間を過ごさせて頂いています。貴族の皆様に優しく接して頂けて、私は幸せでございます。何を隠そうまだまだド新人の未平民ですので、公演も未体験。12月を今か今かと楽しみにしております！想像もつかないような美しい世界が広がるんでしょうねぇ。とにかく、貴族の皆様が楽しく収録出来るよう、そして平民の皆様にとって変わらず大切な番組で居続けられるよう、私も精進していく所存です。今後ともよろしくお願い致します！ピヨピヨ～

みくD平民

とにかく「健康長寿」であって欲しい

私がシークレット歌劇團と知り合えたのは歌劇團が17歳の時の皆様でした。初めて観劇（感激）した楽しい公演。２年目からはコロナのせいで「喋るな、笑うな、キャー厳禁」の公演となってしまいましたが、シークレット歌劇團の皆さまから頂戴できる感動は変わりませんでした。まだまだ始まったばかりのお付き合いですが、これからもずっと楽しませてください。トップのお二人、銀河様と紅雅様の健康長寿はもちろん、劇団員の皆さまの健康長寿も祈り、私自身も健康長寿を目指して、シークレット歌劇團についていきます。よろしくお願いします。

あんドーナツ平民

貴族をあなたのマチの祭りに呼ぶのです！

レアな体験として２０２０年秋、帯広にてとある着物パーティーが行われたときのことをお伝えしてはと思い、したためます。その日のお客様のドレスコードは『着物』。振袖や本格派や、趣向を凝らした着付けで華やかな会場でした。

そこへ「パーティーゲスト」として現れたツートップ。素晴らしい歌とトーク・・・そして参加者のお近くにグイッと近寄るなどのファンサービス。公演の時より少人数でしたので、皆さん大満足していらっしゃいました。その上、物販コーナーでグッズの手売りまでしてくださったり、感激する平民たちとの撮影に応じてくださったり。

その頃、まだ私は公演は見ておらず、ラジオ平民でしたが、サービス精神と、その土台となる優しさに心を打たれたものです。皆様にはラジオなどでもきっと伝わっているでしょうが、お二人はとにかく優しく、愛があります。おそらく、他の平民の作文でも『愛』を語る内容が多いのではないかと思いますピンと来ないなぁと思う方は、より少人数の場に参加できる機会があるといいですね。結論として！あなた様の市！町！村にまつりはありませんか？ゲストとしてお呼びするのです！頑張ってください！私も頑張ります！

しなぴー平民

〜主宰愛海が語る〜中小貴族団体の
「ナカノヒトビト」

衣装のヒトビト

シークレット歌劇團0931といえば、衣装とヘアメイクの絢爛《けんらん》さ。小劇場時代でもトータルで15着ほど衣装が必要だった。ネットで安いものを探したり、拙いデザイン画を自分で描いて知り合いのスタイリストさんにオーダーし作ってもらったり、東京の衣装製作会社や、札幌のコスプレイヤーで衣装づくりが得意な方を自力で探し出してオファーし、衣装の一部を製作してもらったりと、あちこちに分散してオーダー、それぞれに対して詳細にわたって自分が指示を出す、という日々はとても大変だった。

特に、あいざわの衣装は扱う布の量が多いのと分厚くなってしまうのとで、ミシンの針が何度も折れて心も折れかけながら必死に縫って下さったスタイリスト児玉美紀氏（CUTE STYLING OFFICE）、当時は忙しい中、数年間衣装に関して本当にお世話になり感謝と陳謝の思いで一杯だ。

道新ホールに場所を移すのを機に、衣装全体を取りまとめてもらえる専属のチーフを探すことに。そこへ現れたのが元々は平民で観劇にいらして下さっていた着物リメイクデザイナーの猪俣和美氏（普玖見実《ふくみみ》）だった。倉本聰さんの富良野GROUP公演で舞台衣装を作ったり、NHK紅白歌合戦で演歌歌手の着付けをやったりと多彩な経歴の持ち主。彼女とコンタクトを取り、芝居とレビューの衣装リーダーになってもらった。「宮廷お針子GZ」の誕生だ。そしてもう1人、「宮廷お針子ーZ」こと長田《ながた》いずみ氏。彼女は2008年から銀河と紅雅がレビューのラストに着用する煌《きら》びやかな衣装を担当。現在はこの二人が衣装部門を支えてくれている。

宮廷お針子GZさんの一番大変だった舞台衣装は、あいざわがプリンセスになった時のドレス、との事。身体のサイズが未知の領域故に（通常の体型バランスから大きく逸脱しているらしい）既存のドレスをアレンジすることはできないということで、一からドレスを製作。サイズ感が全くわからず途方に暮れたそうだ。困難を乗り越えて完成したドレスは舞台上で輝きを放っていた。

ヘアメイクのヒトビト

衣装と共に、我々の舞台でとても重要なもの、それはヘアメイク。宮廷髪結師の渡部《わたべ》勝哉氏は結成当初からアドバイスを下さり、忙しい中でも顔を出してくださった。楽屋に入って手を加えてくれたりするのだが、ほんの少し整えてもらうだけで、役の印象がグッと強くなる。彼の技術は、貴族のビジュアルイメージを一段上にグイッと引き上げてくれるのだ。

渡部氏はモデル事務所igorの代表であり、ご本人はパリコレはじめ、世界を渡り歩くヘアメイクアップアーティスト。そんな素晴らしい経歴の方が中小貴族団体のナカノヒトとしてサポートして下さっている事は本当に有り難く、これから

～主宰愛海が語る～中小貴族団体の「ナカノヒトビト」⑤

先もよろしくお願いします、という気持ちでいっぱいだ。

渡部氏の記憶に残る楽屋エピソードとして、あいざわの名前が挙がった。「何年経っても天才的に伸びシロがないご自身のメイク技術が印象的で。まずご自分でやって必ず失敗し、それをメイクさんに直してもらいイケメン顔になった時、チラッと鏡を見てニヤけながらドヤ顔をしている姿が忘れられません！笑」…あいざわよ、見られているぞ。

とにかく魔法の手を持つ渡部氏に不可能はないのだが、難儀したウィッグは「エリザベーーート！」の紅雅のウィッグだったそう。とにかく有名な作品がベースにあり、その特徴的な髪型をこちらの都合で用意した使い古しの安いウィッグから形状を整え、そう見えるように施すことと、紅雅本人の前髪を使用した髪型だったので、レビューの際にその前髪をアレンジして男装へ切り替えることまで想定してのオーダーは本当に大変なお願いをしたと思っている。最後に宮廷髪結師はこう結んでくれた。「同年代で本気の本気で取り組んでいる姿、本当にカッコいいです。内緒ですが、今まで携わってきた劇団の中で最高に好きです」

さて、基本的に出来るところは自分でやっている舞台化粧だが、仕上げはプロにということでお願いしていた佐久間氏（リンク）が多忙のため、そのバトンを受け取り現在専属でヘアメイクを担当して下さっている工藤麻椰氏。彼女が貴族たちのヘアメイクで気をつけていることとして、「衣装とヘアメイクを仕上げることで役に自然と入り込んで頂けるよう、また舞台上でのポテンシャルを高めモチベーションを保てることができるようにと願いを込めヘアメイクを手がけること」と語る工藤氏。

「皆さん楽屋では意外と静かな印象がありまして…平和で穏やかな楽屋裏です。とても仲が良くて無邪気で自由。そうそう、ヘアメイク完成後、あいざわさんの鏡を見る回数がなぜか多くなるんですよね」と最後気になる言葉を残していた。

ここでもまた、あいざわなのか。いい意味でも悪い意味でも人の記憶に残るタイプの男、あいざわ。それもまた才能なのかもしれない。

現在、楽屋でウィッグのコンディションを常に整えサポートに入ってくれているのが及川正貴氏。及川氏はフリーの美容師さんでひょんなご縁で数年前からウィッグの形状維持をお願いすることになった。前情報がほとんどないまま仲間に引き込んでしまったので及川氏がどんな風に思っているのか恐る恐る聞いてみた。「私はコロナ禍に初めて舞台を観させて貰いました。1年で一番笑いました。今まで当たり前だった事が当たり前ではなくなり笑う事が少なくなっている中、久しぶりにお腹が痛くなるくらい笑い、コロナ禍でも笑顔や感動を届ける事ができるんだなと感じました。1年に1度しか会う事ができませんが、団員の皆さんが夜遅くまで頑張っている姿を近くで拝見しております。毎回元気を分けてもらい、毎回感動を与えてもらってます。関わる事ができて幸せです」。何とかこれからもお付き合いを続けて下さるようなので、ホッとしている。

ウィッグの守り神はもう1人いる。彼女があるウィッグメーカーの札幌店店長をしている時に、私がそこへウィッグを探しに行った事でご縁が出来た佐藤絹予《きぬよ》氏。ウィッグ扱いのプロがそばにいてくれる心強さ、加えて楽屋での早着替えのフォローなど、痒《かゆ》いところにバンバン手を差し伸べてくれる。彼らの存在が、楽屋から「よし」と舞台へ走り出してゆく団員の背中を優しく押してくれているのだ。

平民の作文
第6楽章

知らずに過ごした年月を激しく嘆いている

「一刻も早く、全人類に知れ渡ってほしい」
世の中には二通りの人間がいる。
貴族を知っている人間と、貴族を知らない人間と。

　私が貴族の存在に気付いたのは、インスタグラムに流れてきた写真がきっかけだった。白飛びした舞台に人が立っているのか、何がいるのかさっぱりわからない写真だったけれど、ハッシュタグから溢れる熱気と興奮が伝わった。そのハッシュタグのシークレット歌劇團０９３１を検索してホームページに辿り着いた。が、やっぱりよくわからない。平民と書かれた怪しいグッズにＤＶＤ・・・。

　しかし私の好奇心は萎えるどころか高まった。きっと歴史上初めてウニをこじ開けて食べた人間はこんな感じだっただろう。未知の、好奇心の先にあるものはごちそうに違いない。そうして初めて舞台を観に行った。それは想像を遥かに超える真面目で、必死で、ふざけていて、楽しんでいて、ハッシュタグの熱狂がわかるよ！こういうことか!!と腑に落ちる舞台だった。貴族を知った私は、貴族を知らずに過ごした年月を激しく嘆いている。

　世の中には二通りの人間がいる。
貴族を知っている人間と、貴族を知らない人間と。
一刻も早く、全人類が貴族に熱狂する日を待ち望んでいる。

ざしきわらし平民

まだ未平民の皆様へ一言！

「江戸平民すばる」と申します。

　シークレット歌劇團０９３１の事を知ったきっかけは、その当時仲の良かったとある先輩平民から０９３１の面白さ、バカバカしさ、大人のごっこ遊びを熱く語られたことです。興味を持ってから初めて２０１７年12月に単独北海道へ。初観劇がいきなりの寿席（最前列）にドキドキしながらも、周りの先輩平民の方から優しくレクチャー受けていざ開演!!

　感想としては色々凄すぎて・・・あっという間に終演。グッズ買いまくり。その後は２０１９年、２０２２年と２年おきの観劇。まだ未平民の皆様へ一言!!　１人でも怖くない!!　判らない事は先輩平民がそっと優しく教えてくれる!!　勇気をだして「大人のごっこ遊び」に飛び込んでおいで笑。

すばる平民

失って残りの人生終わったなと思っていたのに

「貴族がいるから、前向きに生きていける」

　私の平民デビューは、令和元年記念公演の『眠れ、森の美女』でした。公演が終わっての感想は、これを観ないで年は越せないなっ！また、来年も観に行かなくちゃくらいの気持ちでした。年が明け、コロナが蔓延し、世の中は一変してしまいました。そして、その夏私の生活も一変してしまいました。右目の視神経炎という病になり、３箇所の大きな病院で５週間の闘病生活になってしまったのです。治療の甲斐もなく、目の視力は回復する事なく、残念なことに右目を失明してしまいました。

「あぁ〜、私の残りの人生の半分終わった」

　正直な気持ちとしては、悔しいでした。そんな私を支えてくれたのは、シークレット歌劇團０９３１なのです。直接会えない時間を埋めてくれたのが、「貴族の格言集」と、ＳＴＶラジオの「貴族の時間」。入院中は、笑ってはいけない、キャー厳禁の我慢大会（笑）。嬉しい拷問とでもいいましょうか。それはそれで、楽しい時間でした。

　退院後観た、音更公演での『ロミオとジュリエットと・・・２０２０』で元気を頂きました！私の中で何かが変わったのです。それは「観られればいいっ！」から「もう貴族なくしては、私の人生はない!!」です。

　そして、令和３年度記念公演の「シン・デレラ」。

半分終わったと思っていた人生が、パッと照らされたのです。

「頑張らなくていい、楽しむんだよ。」

という劇中のセリフにズキンときたのです。やりたいことを 楽しみながらやって行こうと。片目を失明したって、もう片方があるじゃないか。人生半分終わったなんて気持ちはポイしました。貴族の皆様がいる限り、私は前向きに生きていけるのです。

トマトマニアな農民マダム平民

きっかけは、ここから。

「シークレット歌劇團0931っていうね、団体があるの」

「年末に公演があってね、私、このために一年頑張れるの」

好きな人がそうお話してくれました。

今、平民3年生になりました。

ラジオ平民の皆さんとの縁もできました。

私も年末の公演のために一年頑張ってます、ありがとう。

ハッピーボーイズ学（まなぶ）平民

生きる勇気を頂いたのです

私の0931との出会いは今から5年前。離婚して子供達を1人で育てる不安で毎日どん底だった時に、お友達に「絶対元気になるから！」と連れて行ってもらったのが0931の年末公演です。

40を過ぎて、こんなキラキラしたトキメキを味わうとは夢にも思いませんでした。あの時、どんなに生きる勇気を頂いたか・・・。本当に感謝してもしきれません。当時の私のように、心が疲れてしまっている方がいれば是非、0931の舞台を観て欲しいです！生きる勇気がジャンジャン湧いてきます！

愛と笑いが溢れるシークレット歌劇團は最高の推しです！ありがとう!!これからも大好きです!!

お母さんは心配性平民

早く小学生になって貴族に会うんだ

私は昨年末の「シン・デレラ」より晴れて平民となりました。かねてより平民だった私の友人から、共に行ったキャンプで何もわからないまま平民Tシャツを渡され着用する事早3年、ラジオやお戯れの儀と徐々に入浸り、今ではすっかり貴族沼に浸り親子にてお慕いしている次第です

さて私は文才がありませんので5歳の年長平民の娘がこの間チラシの裏に書いた貴族様へのお手紙を見つけましたので送付させて頂きます

娘はまだ未就学なので入場制限があり舞台公演はまだですが、オンライン配信にて「シン・デレラ」を観劇、「早く1年生になって貴族さまに会うんだ」と張り切っております。

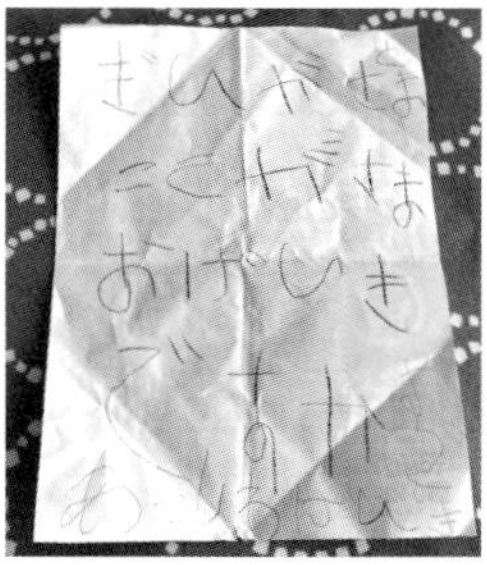

愛とユーモアは幼子にも響いております。どうぞ貴族様に置かれましては、そんな娘が入学と共に平民となり、成人になり、祝言を挙げても素晴らしい公演を続けて頂けるようご自愛いただけると幸いです。シークレット歌劇團0931の益々のご活躍を親子共々楽しみにしております。

おはぎぼたもちつぶアンナ平民

会いたくて会いたくて震えるほど好きになって

中小貴族の皆様を知ったのは、あの胆振東部地震でのブラックアウトからです。ラジオを聞くのがなんとなく習慣になった頃。

今思うと、新番組「貴族の時間」が始まるよ！という番組のお知らせから心をすでに捕まれていたような気がいたします。ラジオから流れてくるなんとも不思議な「貴族」という世界観。麗しいお声とオモシロネタのギャップ感が腹を抱えるほど面白く、もう会いたくて 会いたくて震えるくらい好きになってしまいました！年末にはラッキーなことに舞台も鑑賞でき、生で貴族の皆様に出会えた喜びははかりしれません！御多織るをはじめてまわした感動！いい大人が頭ぽんぽんされる幸福感！こんなにも、こんなにも心から幸せになる経験をさせていただいた貴族の皆様にハマらないわけがない！！！！

あいざわ祭りが平民デビューの私。あいざわ演じるメロディちゃんのピュアさを思うと今でも目から心の汗がにじみでます。愛とユーモア、という言葉の真の意味を教えていただいた、いや、心に刻ませていただいたと感謝する次第でございます。

銀河様、紅雅様。そして音羽様、観来様、栄瑪様、

星輝ちゃん、あいざわ氏。

大好きです！平民としてこれからも貴族を追いかけて行きたいと思っておりますので、末長くよろしくお願いいたします。シークレット歌劇團0931！愛してまーーーす！！！！

ブラックハリモグラ平民

貴族は私の心の灯台

目覚めると、私は「中年」という大海原を漂っておりました。体力は、日毎衰えていく…それなのに、思考は稚拙、経験がものを言う気がしない。どこへ向かってるのかがわからない。

平成最後の年末、道新ビルの一角で見た銀河様と紅雅様の御姿（外の壁に貼られた公演のポスター）。その眼力に囚われてしまいました。さっそく公演のチケットを買い求め、ストンと座席に着きました。私は、まるでジグソーパズルのピースの様でした。

舞台で繰り広げられる、めくるめく中小貴族の奮闘振り。華麗なのに、泥臭い。艶やかなのに、大衆的。アンバランスこそ、シークレット歌劇團の魅力です！
・・・それからです。貴族は私の灯台です。その光を頼りに。

中年A平民

見つけた、私の虹。

それは2021年10月のことでした。毎週通っている図書館でふと目にした「おばんでございます」のエッセイ本。その中にシークレット歌劇團のことが載っていたのです。すぐさまスマホで検索。手始めに配信番組「貴族の宝石箱」を見て久しぶりに大爆笑。2021年12月の「シン・デレラ」、貴族の公演を観に行きたい、けれど北海道は遠い。

寒さが苦手で関西にいながら毎年冬になると「冬眠しないといけないのに」

と呟きながら無理やり起きて出かける私に12月の雪降り積もる北海道に行く勇気はありませんでした。

ですがHTBオンライン劇場で配信があったのです。「人生は君が思うより悪くないよ」「頑張るんじゃなくて楽しむんだよ」

「さあ笑ってごらん、空を仰いでLa La La…こう叫ぶんだ、自分って最高」

「私は死ぬまで、死んだって、あなたを応援するわ」

等々、心に沁みる歌と言葉（セリフ）。

涙が止まりませんでした。

そして「伝書鳩」で銀河様のTwitterを見つけました。

「昨日打ち合わせに向かう途中、土砂降りの後にふと見上げたら虹。七色が空に現れるってすごいなあ、虹を見て不快になる人に会った事がない。虹のような人になりたい。」

そう書かれてありました。私にとってのシークレット歌劇團、中小貴族は「土砂降りの雨のあとの虹」そのものなのでした。

なかなか終わりの見えないコロナ禍、真面目に頑張ることだけでは開けない扉、信じていた人の裏側の顔を知り人間不信になりかけていたり、体力と記憶力の限界を感じたりしていたちょうどその時に出会った奇跡。

「見つけた、私の虹！」

私もこんな愛とユーモアに溢れた誰にでも優しい人になりたい！「人生そのものが神から役を与えられたごっこ遊び」の言葉に感銘、思い切り楽しむことに決めました。そして、私も定年退職目前だし、アキレス腱の心配されながらも頑張っておられる銀河様、紅雅様のお二方にお会いできるのは今しかないと思い立ち「最後のボーナスを使って魔法の絨毯（飛行機）に乗って人生初の北海道に行き2022年20周年記念公演にいく」との決意をラジオ「貴族の時間」献上文にしたためたのでした。「早く平民になりた〜い」と！

虹に会いたい平民

ご一考していただきたいことがあります

2020年、コロナ禍に突入。「大変なのはみんな同じ」と分かっていても、時折気分が落ち込む。そんなときラジオ「貴族の時間」を聴く。明るい笑い声に元気をいただき続け、今に至っている。

「いつも明るく元気のよい貴族」のお姿を継続するための心身のご負担の大きさは想像に難くない。それを当たり前のことのように、いかにも簡単そうになさる貴族の皆さまを私は心から尊敬し、感謝している！願わくはこれからも貴族の皆さまがご健康でありますように。決して無理はなさらないでほしいとそれだけが心配。そこで提案。

定期公演では緊急時に備えて代役を決めておいては？例えば膝を痛めた紅雅さまの代わりにあいざわが目を泳がせながら銀河さまと歌い踊る、五十肩になった音羽さまの代わりに銀河さまがゆったりと優雅にタオルヌンチャクをなさる…平民達はきっと大喜びし、貴族さまの体調を心配せずに楽しめる。主宰の愛海さま、ご一考を！

ふしぎなかぎばあさんラジオ平民

残された人生、貴族に全てを捧げたい

運命の日は突然現れた。ちー（松山千春）様のラジオを生放送で聴きたいと思い、少し早めにSTVラジオにラジコで合わせた時 ビビッときた。

具体的な感想は そう簡単には表現できない、何かとてつもなく大きく頼れる存在・・・0931。

大阪在住ラジオタクドラ平民誕生の瞬間である。

2021年クリスマスの音更公演出撃で平民に昇格。

2022年お戯れの儀出撃で貴族の皆様のホーム札幌に 祝 上陸。

わたくしの残された人生の全てを捧げる揺るぎない覚悟ができている。そう遠くない時期に0931は全国制覇間違いなしだ。ほんの少しでもそのお力添えになれたら本望である。

（平民交通大阪）ちくわパン平民

暗く寒い冬の帰り道はむしろ明るく暖かだった

「何これ。」

10数年前、小劇場シアターZOOの前を通った時、劇場入り口の小さなイーゼルの様な物に貼られた、某歌劇団のまねごとの装いをした人々が載ったチラシに足を止めた。チラシの上には【売り切れました】の文字が。

「ああ、何かモノマネ系の劇団かな。興味ないや。」

と通り過ぎた。それから数年後。どこかのプレイガイドで同じようなテイストのチラシを発見。【売り切れます、お早く】の文字。

「・・・？シアターZOOでやってた人達？まだやってたんだ。人気なんだなー。」

と、ここでもスルー。そしてまた数年後。大好きな友人が私に言った。

「おもしろいんだって、この劇団。チケットなかなか手に入らないらしいの。でも、ずっとこの劇団のファンの友達がチケット手に入れてくれて。一緒に行かない？」

友人が見せてくれたチラシに私は、

「これ・・・あの時見たヤツ！」

もうこれ、なんかの運命だわ。と二つ返事で購入。そして迎えた寒い冬の観劇当日。シアターZOOの階段を降りるとスタッフさんのTシャツに【中小貴族】の文字。

「中小貴族？中小…企業的なこと？？？待って、そもそも貴族って何。」

という思いを抱えつつチケットを差し出す。半券やらパンフやらあれやこれやと渡してくれた中に「ご購入特典です」と白い袋に入れられた【ポストカード】があった。開けるとそこには、トップスターと呼ばれているらしい2人のタキシード姿の写真。表面には銀色のペンで「考えるな。わらっとけ、ほら！Ginga」と書かれていた。なんだかよくわからないけど、心の中にあったか〜いものがじわっと広がった。販売ブースにはタオル。

「タオル？え？それこそ中小企業からよく貰うタイプの白地に会社名書いたヤツじゃん…」

階段を降りてからずっと〝？〟なまま座席に着く。オープニングの映像と共にド派手で妙な歌詞のオーバーチュアが鳴る。そこからもう一気に0931の世界に飲み込まれる。頭の中の〝？〟がどこかへ吹き飛んだ。一瞬たりとも、貴族の誰からも目が離せない。あっちこっちから化粧の濃い、華やかな香りを身に纏った人々が出てくる。あれ？六〇亭のCMの歌、歌いながら出てきた！しかも企業名のとこだけハミングに変えてる!!などなど・・・笑って泣いてあっけにとられてるうちに一幕終了。後半はタオルがあるとより楽しめる、とのトップスターの言葉にタオルを買いに走る。あの中小企業のやつだ。そして2幕、レビュー。え？レビュー？

こうして私は怒涛の、噂の、あの伝説のタオルまわしとタオルヌンチャク、花のついた灯油のアレ、スイーツ、M－1優勝芸人顔負けのトップスターの掛け合いを初体験したのであった・・・。笑って泣いてまた笑って。そして終演。

一体なんの運動したのさ？というくらい、全身に汗をかいていた。演劇が好きで沢山の作品を観てきたが、観劇後汗をかいたのは初めてだった。大好きな友人と共に興奮冷めやらぬ赤ら顔でシアターZOOの階段を登る。

「楽しかった！面白かったね！なまら笑った！」

と劇中の感想を語りながら家路に着く。来た時より暗くて寒かったはずの外はちっとも暗くなく寒くなく、むしろ明るくて暖かだった。ただ一つ帰り道で後悔したのは「10数年もこの劇団を知らずにいた」ことである。

今まで何やってたの私！私のバカ！なんて損なこ

とを！シアターZOOの小さな看板を無視したあの日。プレイガイドでも再びスルーした私、を責めた。だけどこれからはずっと観る。私か、貴族の皆様が倒れるその日まで。いや、這ってでも観に行くと誓った。次の公演からは家族をも、会社の上司をも巻き込んで観にいくようになった。

そして今、貴族に逢える場所は大きな道新ホールに変わった。大きな羽を背負ったトップスターが狭い通路を通りながらバッサバッサと観客にアタックしてくる距離は少し遠くなったけれど。大きなつけまつげを至近距離で拝める近さと華やかな身に纏った香りが少し遠くなったけど。スイーツやタオルの色の恩恵は運任せになったけど。初めて出会ったあの感動はひとつも変わってない。汗かくほど笑って泣いて。

「観にきて良かった。今年も頑張って良かった。私のやってきたことは間違いじゃない。よくやった。明日、いや、未来は明るい。」

と、思わせてくれる舞台。

今でも私の職場のロッカーの中に、あの手書きのポストカードが貼ってある。出勤前にはやる気を出させてくれるし、凹んだ時に見ると何万倍もの励ましになる。考えすぎて落ち込みやすい私にピッタリの言葉。やっぱりあの日の誘いは運命だったのだと思い知る。毎日。笑って楽しい日もあるけれど。色んなこと頑張って、耐えて、理不尽な思いをしたり、立ち上がれないくらいの失敗をした日には、

「あのオーバーチュアを絶対聞きに行くまで挫けるもんか！」

と自分を奮い立たせる糧としてきた。

そして、またあのオーバーチュアが鳴る。全てが赦され全てが浄化してゆく。また明日から生きていくためのパワーがフルチャージされる。生きてて良かった。出逢えて良かった。シークレット歌劇團。私の大切な歌劇團。大好き。

大ファンのすー平民

出会いはラジオ、そして沼に転がり落ちた

「私はこのおかしな世界に転がり落ちるようにハマっていった」

2020年のある日、聞くともなしにつけていたラジオから流れてきた、なんとも珍奇な番組に私は人生を変えられました。その頃私は諸事情により、それまで当たり前にあったものを失ったり、自ら手放したりして、もう何かに思い入れを持つようなことはしない、と決めていました。

しかし、出会ってしまったのです。

ワクワクする宝物のような楽しい世界「貴族の時間」に。

さらに関連動画や配信番組を観てその麗しいお姿に心ときめかせ、貴族のことを知りたい一心で公式ブログ「秘密の夜会へようこそ」をすべて読み、転がり落ちるようにその不思議で魅惑的で何やらおかしい世界観にハマっていきました。長年札幌に住んでいながらシークレット歌劇團0931を知らずに生きてきたことは大変悔やまれますが、それでも出会えたことに感謝したい。

よかった・・・地元北海道で愛とユーモアを届けてくれる貴族の存在に気づくのが遅すぎなくて・・・。これからの人生、貴族の皆様と、そして貴族を愛する平民の皆さんと共に楽しんで参りたいと思います。

もなかグミ子平民

ちょっとどうかしている程の喜び感じています

もしもシークレット歌劇團0931を知らずに生きてきたとしても、私はそれなりに楽しく暮らしていたのかもしれません。でも、もしも。もしもあの時出会っていなかったら・・・。

STVラジオ「貴族の時間」を聴いて笑い転げたり、HTB配信番組「貴族の宝石箱」で貴族ライトに照らされたツートップのお姿を死に物狂いでスクショしたり、公演に向けてグッズの準備や500円玉貯金をするような、ちょっとどうかしてる喜びとか、普段の生活の中でちょっとしんどい時でも、公演の時の台詞や歌詞を思い出せば、必ず背中を押してもらえるという心強さを。そして、平民ひとりひとりと目を合わせて頭をぽんぽんしてくださる、銀河さまと紅雅さまのてのひらの温かさ・・・。

どれも知らずに生きていたかもしれないなんて本当に身の毛もよだつ恐ろしさです。長きに渡り、活動を続けて下さった事、コロナ禍でもお会い出来る機会を作り続けて下さった事、本当に本当に感謝しております。この先も、貴族の愛とユーモアが100年続きますように。

まな平民

しばらくは遠巻きに見守りたい

失礼ながら、平民（モドキ）の作文を書かせていただきます。乱文になるかもしれませんがお許しくださいませ。シークレット歌劇團そのものを知ったのは、配信番組「貴族の宝石箱」です。ビジュアルに対するクレームはないです。というより、言ってしまったら2人は芸人モドキになってしまいます（笑）。

とにかく、私はビジュアル重視です！しばらく遠巻きで見守らせていただきます。どのような形でお会いできるかわかりませんが、失礼のないよう語りあえればと思います。

平民（モドキ）のFUMIKO配信平民

貴族は心のサプリメント

私がラジオ平民になったのは半年程前でした。とあるオーケストラに所属していて毎週土曜に練習があるので、往復一人で車を運転しています。

ある日、ラジオをつけたときに偶然この番組に出会い、心を撃ち抜かれてしまい、それ以来、練習日の帰りに必ず車で聴いております。

一番好きなコーナーは「なつかし貴族」です。いつも一緒に懐かしがっています。特にオブラートの回はハンドルから手を離しそうになるほど笑いころげました。私にとって「貴族の時間」は、一人で長距離運転する孤独を癒やしてくれる、こころのサプリメントのような存在です。これからもずっと愛してます。そしていつか、舞台公演にも出かけることができるように、自分自身を磨きたいと思います。

きびだんごのオブラート　ラジオ平民

私は、東京から貴族のラジオを聴き続けた

たまたま北海道でつけたラジオは、強烈だった。銀河様、紅雅様が悪戯っぽくあいざわをあしらい、音羽様が酔っぱらいの戯言を口走る様子。「貴族の時間」!?シークレット歌劇團０９３１!?何なんだ！この魅力的な貴族のラジオは。次週からは東京でずっと番組を聴き続けた。悪魔的で中小貴族から離れられなくなった。まったく曲をかけないラジオスタイルが粋で、舞台上で貴族が歌った曲が流されたときは、感動で打ち震え、涙が出たほどでした。

そこからは、もう配信で動く貴族様を拝見し、グッズを買い込み、献上文を書いたら、読んでもらえて身悶えた。全てが青春の頃のたぎるような懐かしさと共に、公式ファンクラブ「平民友の会」に入り、ずっとついてきた（ラジオ平民で、平民歴は長くないし、威張れるものでもないが）。

が、今度は本が出るとのこと。こんなめでたいことはないなあと、急いで筆を取った。嬉しすぎて言葉もない、と長々書き綴っているのはご愛嬌。これからも従順について行きとうございます！

ぷーにゃんこと室井ふみえラジオ平民

思い出しても涙が出そうだ

「舞台と平民への愛と熱量が半端ない。とんでもないレベルで。」

私がそのステージを客席にて拝見した直後の率直な感想である。そしてそのステージは観劇する、というより貴族の世界に参加するというか・・・どっぷりと浸かるという感覚に近かったのではないか。

その世界観、驚愕の体力、巻き込まれまくる客席。な、何という幸福感なのだ！舞台への愛がダダ漏れている貴族の皆様の姿とその舞台への姿勢に、私は感動と喜びに包まれた。思い出しても涙が出そうだ。

舞台を愛するひとりの表現者として貴族の皆様を敬愛して止まない。私もやらねば！頑張ろう！と改めて姿勢を正す。私の名は、えりおっと平民。貴族の皆様へ愛を込めて。

えりおっと平民

この出会いは偶然ではなく必然

2021年夏のとある土曜の夜9時。ラジコのプレミアム会員になった私は、「せっかくだから他の地域の番組を聴いてみよう」と一番上の北海道を選択、次に一番上のSTVラジオを選択し「貴族の時間」に出会いました。これは偶然ではなく必然ですね。凛々しいお二人の写真を見て「某歌劇団のOBの番組なのかな？」と思いながら聴いてみたところ、銀河様、紅雅様、音羽様の華々しくも豪快なお話に「なんて面白い番組なんでしょう」とすっかり魅了され、1ヶ月で退会するつもりだったプレミアム会員を継続し、毎週欠かさず拝聴いたしております。そしていつかはシークレット歌劇團の定期公演に行き、ラジオ平民から平民に昇格したいと思っておりますので、よろしくお願いいたします。

愛知のひまわり娘　ラジオ平民

〜主宰愛海が語る〜中小貴族団体の
「ナカノヒトビト」

歌を支えるヒトビト

一応歌劇団なので歌のレッスンは受けている。歌唱指導のＪＵＮ先生はとても人当たりの良い先生だ。アドバイスはソフトだし、朗らか。だが歌に対する探究心と、もっとその先へ!と誘う力がハンパない「隠れスパルタ先生」なのだ。うちの団員は結構スパルタが好き。なので、相性が良い。どの先生に団員を預けるかはとても大事だし、何よりも先生が「貴族の世界」を理解し、楽しめる感覚を持って下さるかどうかも重要な要素となる。「それぞれ皆さんキャリアをお持ちの大人なのに、何故こんなに純朴で素直な眼差しを向けてレッスンを受けてくれるんだろう。貴族の歌の先生として自分も力になりたい、と心から思いました」。ＪＵＮ先生はこんな私たちを受け入れてくれた。当然、歌の発声についての基礎は足りていないし【音の旅人】(出すべき音が見つけられずに彷徨《さまよ》う意)が大勢いるので先生は苦慮したはずなのだが「皆さんの個性がどうしたら歌に現れるかを考えたのですが秒で解決したのも覚えています。なぜかというと、皆さん個性の塊でしたのでなんの心配もいらなかったです」。歌はそれぞれの個性でねじ伏せる作戦の貴族。

ダンスを支えるヒトビト

ある時私がワルツのシーンを書いたことがきっかけで、銀河と音羽は社交ダンスを習わなくてはならなくなった。好きな先生を探してレッスンを受けて本番までに踊れるようにしてくれと伝えた。そこで社交ダンス界のレジェンド大友ティーチャーが手を差し伸べてくれた。ご縁とは不思議なもので2人が偶然見学に訪れたダンスホールに大友ティーチャーはいた。「ワルツ、踊りたいの?いいよ、教えてあげる」。習い始めの年は銀河と音羽は名前も覚えてもらえず「男子、女子」と呼ばれていた。後に知ったのだが、大友ティーチャーは素人が教わることなどとんでもない、社交ダンス界のレジェンドだった。その後もご好意で、レビューのダンスパートなど指導して下さり、長い年月お付き合い頂いている。「社交ダンスの基本を知らず来たのに、その年その年で踊り切るのがさすがだなと思います!」。ありがたいお言葉だ。10年近い時を経た今、大友ティーチャーは団員たちを名前で呼んでくれる。

２０１４年、２０１５年、ヒップホップに挑戦した際は、元気な関西弁と見た目もアフロでファンキーなＡｃｃｏ先生にお世話になった。小学生だったＡｃｃｏ先生のお嬢さんが団員たちのダンスのお手本として踊って見せてくれていたのを懐かしく思う。小学生に教えを乞う貴族たちの姿はなかなか面白い光景だった。

私には「いつかお願いしたい、でもちょっと敷居が高い(団員のレベルと老いとコミック歌劇団のためこちらが勝手に躊躇《ちゅうちょ》)」と思っていたダンスの先生がいた。帝国劇場で名作「エリザベート」などにダンサーとして出演されるなどご活躍の、鈴木明倫《あきのり》先生(DANCE STUDIO LoRe)だ。意を決してお願いに上がったのは２０１９年の夏。ご快諾して下さり、そこから毎年お世話になっている。最初に私から明倫先生にお願いしたことは「団員がアキレス腱を切らないような体づくり」。入念なストレッチからのハードなダンスレッスンに団員たちは爽やかではない濃い汗を流していた。本番終演後先生は「自分がレッスンを担当したダンスパートはドキドキしました！でもすごく楽しかった！」と優しい眼差しで銀河と紅雅に伝えてくれた。そして「情熱に満ち溢れた妖艶な蝶《ちょう》たち。皆さんは美しい蝶のようです」と。先生、それ本当ですか？笑

楽曲制作のヒトビト

舞台で歌う歌は既存の曲とオリジナル楽曲を織り交ぜている。私が元々メタルサウンドを歌劇の中に入れるのが好きというのもあって、ロックミュージカルのテイストをちょいちょい入れている。その分野で舞台を支えてくれたのが、北海道にいながら世界で活躍しているメタルバンド「HOWLING★STAR」のギタリストKUNIYA氏とベーシストSANPEI氏だ。KUNIYA氏にはヘヴィメタルな出立ちで2011年の舞台にギター演奏で出演してもらった。

小劇場時代、しっとりとした楽曲は梅津トモコ氏に作曲を依頼。当時彼女の家に押しかけて私がメロディーを口ずさみ音を拾ってもらって全体を仕上げてもらったり、胸が締め付けられるような美しい曲を作ってもらえたのも懐かしい思い出だ。

現在は、作詞作曲ともに私がやっているのでその編曲を「Latte」のベーシスト藤田圭一郎氏に依頼している。彼は、ベース・マガジン主催「最強プレイヤーズ・コンテスト」で、2009年のグランプリに輝いたことのある実力派ミュージシャンだ（ちなみにこの年の準グランプリの1人は当時17歳だったKing Gnuの常田さん）。小劇場時代もオリジナル楽曲の編曲をいくつかお願いしているので長い付き合いである。

劇中BGMをサウンドデザイナーの畑中正人氏（テレビマンユニオン）に作ってもらったことも。その音源は今も芝居の中のワンシーンに寄り添ってくれている。

カラオケ製作のヒトビト

毎年、使用する既存の楽曲のカラオケを作るところから公演準備は幕を開けるのだが、このカラオケ音源に私が歌詞を付ける場合もあり、早々にデモを作って団員はそれを元にレッスンを始める。ではこのカラオケどうやって作っているのか。「完全耳コピ」だ。中里基氏（ミュージック・クラフト）がそれをやってのける。オーケストラ音源も、ロックも、ピアノ曲も、彼の耳がそれら全ての音を探りあてコツコツと入力し完全なカラオケに仕上げてくれる。まさに神ワザ。中里氏はテレビ局で技術職を経てその後独立し、番組用楽曲制作などを手掛けている。UHB北海道文化放送「夜のニュース」オープニングに流れる曲、あれは彼が作ったものだ。北海道民ならば一度は耳にしている馴染みのあるフレーズだと思う。そんな超人中里氏がこれまで最も苦慮した貴族の舞台用の耳コピ。それは楽器構成が半端ない名作「エリザベート」のオーケストラ楽曲だったそうだ。常人では聞き取れない無数の音を見事に再現してくれた。彼は「演者とスタッフがバカバカしい事に手を抜かず、真剣に取り組んでいる姿、素敵です」と語っているが、中里氏もまた、そのバカバカしい事に真剣に取り組んでいる素敵なスタッフの1人であると私は言いたい。

平民の作文
第7楽章

まさに大人のホンキ

「一緒に行こうよ」と友人から受け取った公演チラシには「女装」した背の高い人（いやそれ銀河様）が、どこから見ても貴婦人なのに、しなびた白菜を持って立っている写真が。チラシをくれた人には言えないけれど、「これ絶対怪しいヤツだ・・・私にはついていけない世界だ・・・」と思ったあの日。

気づけば、母娘ともどもどっぷり平民になっておりました。以来、公演で写真を撮りまくることを生きがいとし、友人にも職場でも、平民として布教活動を怠らない私です。その魅力はというと、まさに「オトナのホンキ」。貴族の皆様たちはもちろん、平民たちも本気で中小貴族の世界観、貴族コードにのっとって楽しむ。特にレビューショーの途中で「まわす」時は、心から「人間って、こんなにも愛おしいのか」と思えるし、その中に自分がいて、それを楽しめる自分であることが誇りに思えるのです。

小劇場「スタジオZOO」の階段で開場待ちをしながら見上げた景色、初めての道新ホールで貴族様から頂いた鍋（未平民の夫が「貴族の鍋」と呼んで愛用中）、出張先のヘルシンキからSTVラジオ「貴族の時間」に出したハガキ。様々な思い出とともに、娘と2人で豊かな日々を過ごせてきた事に感謝しております。

どうか末永く、我々平民に愛をお与えください。シークレット歌劇團0931主宰の愛海夏子様を始め、貴族の皆様方には何卒、お身体を大切にしていただきますようお願い申し上げる所存です。

鍋の人平民

全ての答えがそこにあった

「シークレット歌劇團0931」の本が出る！正に青天の霹靂。2022年最大の吉報！私は、そっとスマホを取り出し、貴族の皆様との出会いに想いを馳せてみた・・・。2016年。すでに平民だった友人から、とある写真が送られてきた。そこにはタオルを回して喜んでいる友人と、客席を見て微笑んでいる耽美な男装の麗人が写っていた。

「なんだこれ？何してんの？この人たち誰？」

全てが気になって仕方なかった。友人に聞いたら平民になったらわかるよ、と言われた。

「平民？なんだそれ？」

私は調べた。猛烈に調べて、知識だけが増えた。そして気づいた時には、平民になりたくて、なりたくて仕方ない身体になっていた。何とか公演のチケットを取り、これで堂々と平民を名乗れると思った・・・。

思っていた、のだが。

北海道の冬を思い出して欲しい。それは雪との戦いの季節である・・・。12月の公演当日は、何十年に一度と言われるほどの猛吹雪、交通網遮断。その年、地方在住の私はなりたかった平民に、なれなかった。翌年、リベンジをかけた【東日本最大の椅子取りゲーム（チケット争奪戦）】に打ち勝ち、念願の寿席（最前列プレミアム席）で「エリザベーーート！」を観劇し、無事平民デビューを果たした。それまで私が抱いていた不安も疑問も悔しさも全て吹っ飛んだ。全ての答えがそこにあった。

悲しい時、苦しい時、辛い時、人はそれぞれ何かを糧に乗り越えてきているんじゃないかと思う。私にとって「シークレット歌劇團0931」がそれなのだ。最近はラジオや配信やトークショーで貴族の皆様に逢えるのが本当に嬉しい。でも、全ては年末のあの空間（舞台公演）があってこそ。これからも身体に気をつけて、私達平民との逢瀬を続けて欲しい。

～いつも沢山の愛とユーモアをありがとう！～

安藤久子平民

マチの祭りに降臨された貴族、忘れられない

「STVラジオが社運をかけた番組」という番組開始前の宣伝で知ったシークレット歌劇團0931と貴族の時間。ことある度に流れていたので気にな

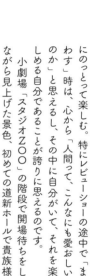

ることこの上なし。初放送は車での移動中。内容もさることながら、うちの奥様の「何、この番組!?」という食いついた言葉がいまでも耳に残っています。

以来、夫婦で沼にどっぷりと浸かりっぱなし。初対面は銀河様と紅雅様がご降臨された「くしろ益浦夏まつり」でした。地元でのあの感動は今でも忘れられません。「まりも」という馬車で最後まで手を振られながら移動されたことも。そして公演にもアリオにも馳せ参じることができました。

貴族の皆さまは、堂々と、颯爽と、凛とされているのに、笑いがあり、愛があり、とても近くて温かい。いつまでも続いてほしいな。もっと知られてほしいな。知ることができた人は楽しくなれる。元気になれる。明るくなれる。ニヤッとしたくなる。心が温かくなれる。そんな中小貴族団体の皆さまをこれからも応援です!

たんたん平民

愛海氏の世界観に心底驚いた

私が0931の舞台を初めて観たのは平成から令和に変わった年で、最前列の「寿席」を妻が引き当ててくれたからです。タオルを回して「平民」と書かれたTシャツを着た人々が色の異なるタオルを回すといった、独特な世界に引き気味に圧倒されたことが懐かしい。

心底驚いたのは、当時某テレビ局にいた主宰の愛海氏に、ある仕事を依頼するためお会いしていたからです。初対面でも自分の悩みを打ち明けられる、そんなオーラに包まれている人と感じました。その昼間の氏が、そのイメージとは全く異なるこの世界を創られている。しかも「大人が真剣に遊んでいる?何だこの世界は!」という引き気味に圧倒されたシークレット歌劇團の世界を。

しかしそんな杞憂は、人の心の機微を描いた芝居に触れてすぐに吹き飛ぶことに。その公演で、主役のメロディ姫を演じたあいざわさんを観ながら泣く自分を振り返ると、凡事を忘れそのひとときを楽しむことが深いリラックスになるのだ、と気付いた。なるほど、皆んなモードを切り替えるための「タオル回し」なんだと。会場でお会いした愛海氏に、「何で(あんたがここに)!?」と仰った時に感じた「してやったり感」が今でも忘れられないです。これからも、よろしくお願いします。

諸橋平民

回す、叩く、鳴らす、蕎麦をお椀でゲット

世に「推し活」、という言葉がありますけども。その言葉を知るずっと前に「シークレット歌劇團0931」と私は出会いました。

あれは2008年、当時の劇場はまさに貴族とのふれあいができるアットホームな近さの舞台でした。紅雅様が壮年男性の少しテカッた頭に手を置いてポーズを取っていた事をよく覚えています。それまで大劇場でしか観劇経験のない私に「こんなふれあい、してもいいんだ!」とカミナリを打たれたような衝撃を与えました。

観劇仲間に教えてもらい、参ったのですが、本当に彼女には感謝しています。今もよい平民仲間です。その後、周りの観劇仲間や家族を順番に全員連れていきました。友人たちと、タオルを回したり、タンバリンを叩いたり、鈴を鳴らしたり、飛んでくる茹で蕎麦をお椀でゲットした日々が懐かしいです。何事も積極的に参加していく姿勢が大事だとこの舞台から教えてもらったように思います。

そしてチケットが即完売する中、会場で私の友達だけで8人もいるの何だか申し訳ないな、と思い始めたところで、道新ホールでの開催!「遂に中小貴族団体が大きいホールで!」と勝手に感極まって初日に号泣した事を覚えています。今も道民平民化計画邁進中で、最近は会社の取締役にも声を掛けています。

銀河様がおっしゃっていたように「それまでいろいろ辛い事、嫌な事があっても、年末この舞台をみて大笑いして一年の最後を楽しんで欲しい(意訳)」という言葉がいつも心に沁みます。毎年「なんて楽しかったんだろう、素晴らしい舞台を毎年ありがとうございます」という気持ちで千秋楽に号泣しすっきりした気分で帰ります。

シークレット歌劇團0931に関わる皆様、これからも貴族の活動が続く限り、這ってでもついていく所存でございます。愛とユーモアが世界の人々に届きますように。皆様におかれましては益々のご活躍を祈念しております。

めがね平民

平民の冬は、小さなころ好きだった冬のようだ

北海道の12月は、寒いし、忙しいし、暗くなるの早いし。色々と「あーん」ってなる季節だったりする。

小さいころは、雪が降って喜んだり、クリスマスプレゼントもらえたり、冬休みも始まるしで、あんなに楽しみだったのになぁ・・・と、思っていた40歳頃。

シークレット歌劇團と出会い、俄然、20数年ぶりに12月が待ち遠しくなった。貴族の皆さまに、1年分の元気と笑いをチャージしてもらえるとわかってからは、本当に子どものころに冬が好きだった感覚が蘇った!!道民で、平民で、マジでよかった!

12月の舞台は、他にはない「あったかさ」を感じるんだよなー。毎年泣くし。笑うし。喜怒哀楽が超忙しくって!赤いタオル回してね(ちょっと寿席自慢)。

シークレット歌劇團は、唯一無二だよなー。あ～思い出し始めたらアレもコレも語りたくなるー!

緒方平民

何度も言います!箱推しです!

盟友欲しがりーたさんが、0931愛にあふれたSNSで私を鍋ザベートと名づけ紹介してくださった数日後、夢組の公演にて棚ぼたのようなご縁でツートップのお二人にお会いできました。

その際、私たちの会話から中小貴族のお一人が「鍋ザベート!」と呟いてくださいました。知っていてくださった嬉しくも恥ずかしい気持ち、今も覚えております。同時に、幼少時代や学生時代を共に過ごさなくても、ママ友などとカテゴライズされなくても、友人はできるものなのだと私の固定概念がぶっ壊れた記念すべき日でした。

全ては貴族、並びに中小貴族団体の皆様が北極星のように不動だからです。皆様のおかげで世界は広がり続けております。そんな大袈裟な、とお思いかも知れません。ですが、そこに貴族がいるだけで、人生に新たな彩りが加わり続けています。私事ばかりで恐縮ですが、職場の新人は「平民」の2文字をきっかけに自ら話かけてくるようになりました。おかげで、良い関係性を築くことができ、円滑に職務を遂行出来ました。それから、いろんな色の平民Tシャツを家族コーデでアスレチックにも行きました。

貴族箱推しフォーエバーです。ですからこの先もずっと、貴族並びに中小貴族団体の皆さま、ご健勝でいらっしゃってくださいませ。

何度も言います。箱推しです!

鍋ザベート平民

アノ単語の概念を打ち破る「釣の来る体験」

銀河様、紅雅さま、貴族のみなさま、日々愛とユーモアを両脇に抱え、寸暇を惜しんで平民の笑顔満腹中枢を刺激し続ける貴族のみなさまには、ご機嫌麗しゅう存じます。

先日、雑踏に紛れふと思ったことがございます。「あれ、わたくしはなぜ平民になったんだべか」。

初心とは、あんな一瞬をいうのでしょう。始まりは釧路のJJから与えられたミッションでした。「この画像みて!」と添えられたファイルを開くと、「釧路益浦夏まつり」会場のステージがございました。ピンク色のきらびやかなご衣装でステージに立っていたのは、見たこともない、いやきっと見ている、まてまてこの人たちいったい何?! というおふたり。おふたりが歌い踊る姿を撮影した者が発した「これ、アカンやろ」が、今も耳に終わらぬこだまを響かせております。かくいうわたくしも、「アカンやろ」と思ったひとりでございました。

その「アカンやろ」は鎮まることを知らず、ハッと気づくと十二月に行われるという貴族拝謁チケットを握りしめておりました。

貴族の生ステージは、今まで見たことのない興奮に溢れておりました。シリアスかと思えばギャグ、ギャグかと思えば哲学、哲学かと思えば娯楽、娯楽と思えば修業の場。そしてそこに通底するのは紛れもなく「愛」。この世に数多ある愛というやわやわとした寄せ豆腐のような感情を包むのは、もはやユーモアしかないのだと学んだ一日でございました。

初めてのシークレット歌劇團0931体験にしてZ席。タオルは、周囲の様子からなんとかクリアいたしましたものの、「あのスイーツ」を手にどんどんこちらに近づいて来られる銀河様の前では、ほぼ金縛り状態。平民はみな口を開けて待っている様子でございましたが、こちらは初めてゆえただ恐怖。

そして、わたくしの番。にっこり微笑む銀河様のお手から与えられた、あのスイーツ。どんな「初めて」も一生に一度の体験として楽しめるわたくしでありましたが、この上ない衝撃でございました。もはやスイーツという単語の概念を打ち破って釣の来る体験を、ありがとうございます。

このたび、結成から二十周年を迎えられるという喜ばしい年に、平民として存在できる喜びをかみしめております。こうして献上文をしたためておりますうち「あれ? わたくしはどうしてこの方々を近年まで知らなかったんだべ」と不思議な気持に。

貴族のみなさまをはじめ、創生期からの平民に心優しく迎えていただき、心から感謝しております。

今後もひたすらいち平民としての誇りを胸に抱きつつ、貴族の愛に存分に包まれる、所存！

オンドレ桜木平民

会いたくて宮崎県から観劇に

私の愛するシークレット歌劇團0931。小さい頃から歌劇が好きな私が、たまたまYouTubeで見かけて衝撃受けたのが「シークレット歌劇團0931」、2015年頃でした。

宮崎県に住む私は、北海道に存在している中小貴族のお姿を、よく検索しては観ていました。当時、ツートップの銀河様と紅雅様が「二人合わせて100才」と聞いて、ウソでしょ？すごいパワー！と驚きました。お二人のパフォーマンスも最高で私はすっかり虜になりました。仕事のパワーの源になり辛くても頑張ろう！と。何だかそれだけで元気になれました。

「北海道にいらっしゃる本物が観てみたい。絶対に！」

思いはどんどん膨らみ、公式ファンクラブ「平民友の会」に入会して、平和を愛する民の「平民Tシャツ」を購入させて頂きました。そして、その年の公演チケットも争奪戦が激しかったのですが、なんとか少し前の席を取ることができ、なんと息子とはるばる宮崎県から北海道札幌の道新ホールへ行く事に！

12月、大雪の札幌へ…。改めまして、私は宮崎県民、大雪がどんなものかも知りませんでした。あんな時期によく行けたなと思います。

北海道のお友達がお迎えしてくれて、すごく嬉しかったです。その日は大雪で、私が乗った飛行機の次の便から欠航でした。ラッキーでした。そのラッキーは観劇の際も続きました。公演のレビューでトークの時間があり、「遠くから来た人は？」と銀河様 紅雅様が聞いてくれたので、勇気を出して手を挙げました。宮崎県から北海道に歌劇團を観るためだけに来たことを、団員の皆様が凄く喜んで下さいました。有頂天になり、中小貴族の晩餐会（公演のこと）の為だけに、次の年の観劇では、「寿席」と言う一番前の、しかも真ん中を取ることができ、それはそれは楽しませて頂きました。いい思い出です。

コロナの時期を挟み、遠くでもあるので中々札幌に行けなくなりました。今でも平民Tシャツは仕事に着ています。今でもシークレット歌劇團0931の宣伝を宮崎県でしています。ずーっと応援していきます。

宮崎平民

どんな状況でも不死鳥のように蘇る彼らが好き

中島公園前にある小劇場シアターZOOの頃から、銀河祐様・紅雅みすず様の追っかけだったので筋金入りの平民である。今日も大きく「平民」と書かれたショッピングバッグで買い物をした。年末のシークレット歌劇團の舞台には必ず行っている。1年間頑張った自分への密かなご褒美である。

思えば道新ホールに会場を移した時、心配した。あの小さな会場での一体感が出せるのか？と。1年目、不安になり、2年目、広いホールが見事にひとつになった。これだ！これが私の愛するシークレット歌劇團！と欣喜雀躍。

「他の国の貴族」が出演した時、「彼らはほんまもんの俳優や！」と思い、つい愛する劇団員と比べてしまった。要するに平民の口が肥えたのである。2年目、あいざわも、音羽美雨も見劣りしないまでに成長した。相当な努力をしたんだろうね！

コロナで完全口パク飛沫対策舞台の1年目、よくこの状況下でやったなと涙が出た。2年目『かえって口パクの方が、歌がうまくね？だって録音だし』と口パクに耽溺。要するに無理っと思うことに挑戦し、噴火口から不死鳥のように蘇り、輝き続ける彼らが好きなのだ。今年も芝居とレビューを見に行くぞ！平民は、喜んで「大人のごっこ遊び」の沼にはまる。

中田美知子平民

むしろこっちの方が好きかもしれない

お肌の潤いが失われつつある今日この頃、心に潤いをもたらしてくれるのがシークレット歌劇團。貴族さまとの出会いは数年前の公演「エリザベーーート！」でした。その頃原作の「エリザベート」が大好きで、江戸に何度も遠征していた私を友人が誘ってくれたのです。

期待半分、怖さ（？）半分でしたが終演後はすっかり沼にはまり、むしろこっちの主人公のほうが好きかも！と思い、それ以来平民の道をまっしぐらに進んでおります。その後の公演では幸運にも寿席ど真ん中に座ることができ、銀河さま紅雅さまお二人から同時に頭ポンポンしていただいた時は、天にも昇る心地でございました。

47都道府県総平民化計画が成就した晩には、ぜひ海外へも繰り出しましょう。平民はどこまでもついて行く所存です。

たまむすび平民

この機会にお伝えしたいことがあります

團員の皆様に願うことは、何はなくとも健康です。芝居に歌、レビュー、スイーツとその表現力は健康あってのもの。特に、ツートップの銀河様、紅河様には、生半可な健康術ではなく、最先端の科学技術にのっとった、いかついケアをしていただきたい。

健康のためにクラウドファンディングを募ってもかまいませんし、結果さえ良ければ、もう呪術にもトライしてほしいです。今、僕がお教えできる情報はひとつ「やっぱり、コップ一杯のお水をこまめに飲むのがいいらしい」です。キープオン水分。お忘れなく。

貴族様には無用とは思いますが、お伝えさせて欲しいことがあります。水分不足によってスーパーの透明の袋（あのお肉とか入れる薄く小さいビニール袋のこと）を素手で開けることが困難かとお察しします。打開策となる裏技を発見したので聞いてください。それは「気合」です。絶対に開く！開くんだ！と強い意志で臨んでください。止まない雨はない。必ず、開きます。

公演初回から愛とユーモアをいただいている平民より、ささやかではありますが感謝を込めて、スーパーの透明のあのお肉とか入れる薄く小さいビニール袋の必ず開く方法をお伝えしました。貴族の本、ご出版おめでとうございます。

ハシモトミノル平民（48歳　寅年です）

貴族は母に生きがいを与えてくれた

コロナ禍でしばらく会わない間に、シークレット歌劇團０９３１にどっぷりハマり込んでいた母。

久しぶりに帰省すると「貴族の時間」について楽しそうに語り始めました。熱弁する母に圧倒されましたが、そんな生き生きとした姿を見たのは初めてだったので、娘としても嬉しい限り！

次に帰省したとき、ラインスタンプなど使わない母が「スタンプの買い方を教えて！」なんて言うのでどうしたのかなと思ったら、教えた瞬間「シークレット歌劇團の公式ＬＩＮＥスタンプを即座に購入。

そしてさらに次の帰省のとき。

納戸の片付けをしていた母は、私がＳＭＡＰのコンサートで買った大量の中居くんのうちわを物欲しそうに見つめていました。シークレット歌劇團の舞台を見に行くときに持っていきたい…と。中居くんを剥がしてシークレット歌劇團のうちわを作りたい…と。まぁいいでしょう、一つあげますよ！こんな子供のようにはしゃぐ母を見れば、きっと中居くんも許してくれるはず！

次の舞台には、自作したうちわを持ってウッキウキで客席にいる母が目に浮かびます。シークレット歌劇團のみなさま、母に生きがいを与えてくださりありがとうございます。

「いつか札幌に」の娘平民

銀河様につけて頂いた平民ネーム

ラジオ番組「貴族の時間」を聴き続け、献上文を送り、いつかは札幌で生の舞台を観たいという私の思いを察していただき、銀河様に付けていただいたラジオ平民ネーム「いつか札幌に」は、２０２１年12月の公演『シン・デレラ』で晴れて平民に昇格しました。

楽しみにしていた公演で初対面した銀河様と紅雅様、音羽様、そして他の貴族の皆様との楽しい舞台とレビュー、〆は銀河様からの「頭ぽんぽん」。もうやめられません。

銀河様からいただいた平民ネームを大切にし、今年も来年も再来年も・・・シークレット歌劇團が続く限り、毎年公演を観に行きたいと思います。

「いつか札幌に」平民

全力でふざけるその奥にある深い愛

初めて貴族様の舞台を拝見したのは地下の小さなホールでした。空気感がよくわからず、若干怯えながら会場に行ったことを覚えています。

しかし愛とユーモアにあふれたその世界にあっという間に引き込まれ、見終わったときには「なぜこんなおもしろいものを今まで知らなかったの私!!」という後悔に襲われました。たぶん多くの平民が同じ感想を持つのではないかと感じております。

その後毎年舞台を拝見させていただき、今では定番となったタオルまわしの誕生の年、最初の場面にいられたこと、１枚ずつ増えていくカラフルな御多織を眺めることも大変うれしく思っています。笑いあり涙ありの舞台の内容、華やかだけどお身体に鞭打ちつつの、ある意味「手に汗握るレビューショウ」はもちろん、ちょっとしたミスやアクシデントさえ笑いに変えてしまう貴族様の機転のすばらしさ。本気でふざける、全力でふざけるその奥にある深い愛。ほかでは味わえない世界観にどっぷりとはまっております。

年末のお楽しみが終わったその日から、また1年後を楽しみにする日々がこれからも続きますよう願ってやみません。

長瀬古参平民

～主宰愛海が語る～中小貴族団体の
「ナカノヒトビト」

特効のヒトビト

特殊効果、という分野がある。ドライアイスを床に這わせたり、舞台全体にスモークを焚いたり、舞台上に火柱を立てたり様々な演出を仕掛ける人。そのチーフが村田大典《だいすけ》氏（ステージアンサンブル）。毎年、レビューのとあるタイミングで会場にキラキラのテープが舞い降りるキャノン砲という演出がある。それを放つのも特効の仕事だ。村田氏は、そのキラキラのテープの色を銀河カラー、紅雅カラーにして下さったり、「団員がメッセージを書いたテープを仕込めば、きっと平民の皆さんが喜んでくれるはず」と、こうしたらもっとよくなるかもという提案を積極的にしてくれる。仕事というのは発注されたことを必要最低限やり遂げることでも十分なのに、一緒になってどうしたら喜んでもらえるかを追求して下さる村田氏の気概に胸を打たれる。そんな彼が私に「実は、実家の母親からシークレット歌劇團0931って知ってる?と聞かれて、知ってるよと応えたら『お母さん、今度あの舞台観に行きたいと思ってるの』って言われて。自分がこの舞台の仕掛けをやっていることは言わなかったんです。今度母親が観に来た時びっくりさせてやろうと内緒にしてるんですよ」と照れながら教えてくれた。貴族の舞台を観たいと言ってくれた村田氏のお母さん、あなたの息子さんはその舞台の仕掛け人として平民に歓喜する瞬間を与え、それはそれは輝いてますよ!と私は高らかに叫びたい。内緒にしているそうだからその日までガマンガマン。

舞台美術のヒトビト

私は職人さんへ向けた親愛を込めた褒め言葉として「変態的ですね」と使うことがある。結成当初舞台美術をお願いしていた造形作家の吉住氏も変態的な職人だった。そしてまた1人、変態的に美しいものを造るクリエーターを見つけてしまった。その人は、常人を超えた集中力と完成度でもって想像の上をゆくセットを用意し、当日黙々と作業をする舞台美術担当の菊地朋尋《ともひろ》氏（ステージアンサンブル美術チーフ）に他ならない。

段ボールでも良いので、遠くから見ておとぎ話の糸車に見えるものを作って欲しいとオーダーしたら、「眠れる森の美女」に出てくるような精巧な木製の糸車（しかも本当に糸が紡げる）を一から製作してくださったり、客席の後ろに掲げる小さなギロチンが欲しいと言ったら、大根入れたらスパンと切れるんじゃなかろうか、というくらい小さいサイズのギラギラしたリアルミニギロチンを弟子に作らせたり、芝居パートでは柱に見えるんだけどレビューパートではそこに歌詞をロールアップできるギミック装置を作って欲しいと言ったら、小さな歯車が装飾された、たまらなくお洒落な装置を作ってくれたりする人なのである。現場での彼は寡黙で無表情。こんなふざけた舞台は好きではないのかもしれないな、と当初私は思っていた。がしかし、聞くところによると音羽美雨演じるジュリエットが手で運べる携帯バルコニー（これもステージアンサンブル製作）を抱えながら舞台に出ていき爆笑必須のシーンをやってのけるのを見るのが大好きで、毎回必ずそれを見届けて1人「ふふっ」と小さく笑うというのが、公演期間中のルーティンだったというのだ。嗚呼、なんと素敵な展開なのだろう。あの無口な菊地氏が音羽の芝居を観て「ふふっ」と笑っていたなんて。自分の演出と音羽の表現力の賜物《たまもの》と思いたい。

舞台袖ではとても紳士的なことから団員は彼のことを「ソデ王子」と呼んで慕っている。「ソデ王子」、最高じゃないか。最高しかない。

撮影するヒトビト

記録として写真をずっと撮って頂いている。小劇場時代は原田直樹氏（n-foto）に貴族の瞬間を切り取って頂いていた。初めてのブロマイドも原田氏が撮ってくれた。爆笑しながら、撮ってくれた。公演の写真を撮る時もファインダーの向こうにいつも笑顔があった。右も左もわからないまま舞台公演を重ねていた頃、いつも朗らかに支えてくれた。「いいと思う。次も楽しみ！」と。貴族が今も変わらず伸び伸びとやれているのは原田氏のそんな一言も我々の土台に染み入っているからなのだと思う。

2017年からは縁あって出羽遼介氏（アンドボーダー）がシークレット歌劇團0931の全ての写真撮影を担当してくれている。最初は「スカーレットピンポンパーネル」のチラシ撮影だった。卓球のラケットを手に着飾って佇む銀河と紅雅を、若い出羽氏はどんな気持ちでカメラに収めていたのだろうか。最後に撮影チーム全員で集合写真を撮った時、彼は完璧な白目の変顔で写っていた。そのふざけっぷりでこの人は大丈夫だな、と思った。案の定、そこからの彼との打ち合わせはなんと簡単に済んだことか。どうしたら真の意味で面白くなるか。どうしたら貴族を活かすことができるのか。どこを切り取ると貴族を語ることができるのか。その全ての答えが彼の撮った写真にある。

今回この本をまとめるに当たり、原田氏と出羽氏が撮ってくれた2万5千枚にも及ぶ写真と改めて向き合ってみた。そこには彼らがシークレット歌劇團0931にかけてくれる思いが溢れていた。そのほんの一部を掲載させてもらっている。

公演の記録動画を撮影してくれているのはテレビカメラマンの長田《ながた》氏と武井氏。私がテレビ局員だった時に一緒に仕事をしてきた仲だ。15年前からこのお二人に頼んでいる。毎年、12月の公演日に必ずやって来てくれ、撮影し長田氏が編集をしてくれる。彼らが現場に入る時、とても安心する。「ようし、中小貴族団体のファミリーが出そろったぞ」と思う瞬間だ。

フリーカメラマンの武井氏は、「最初に0931の撮影で参加したのはシアターZOOで、そこから人気に火がつき大きな会場へ。いったいどこまでいっちゃうの!?規模がだんだんでっかくなってく！毎年の公演は楽しくて良かったのですが、銀河さんと紅雅さんカラダ大丈夫？と思っていました」とトップ2人の老いを心配してくれる。

そして、撮影だけではなく編集なども手がけてくれているもう1人のカメラマン長田氏（ビジュアルアッシュ）も、「レビューのダンスのハードさ、すごいですね。年齢も年齢なので心配ではありますが…」とトップの2人を思いやる。「小劇場の時から今に至るまで、平民を楽しませつつ貴族もとことん楽しんでる感じがします。僕も毎年撮影しながら笑わせてもらってます」。中小貴族団体の仲間がこのような気持ちでいてくれることが嬉しい。長田氏には長年に渡り、映像的なことや、関連機材の相談に乗ってもらうなど私の不安を取り除いてくださる心強い存在だ。

〜主宰愛海が語る〜中小貴族団体の
「ナカノヒトビト」

事務所のヒトビト

ずっと自分たちだけでやって来た。そのうちどんどん規模が大きくなり、多くの方々とやり取りをしなくてはならなくなった。そんな中、元々は平民として小劇場に足を運んで下さっていたイベント企画制作運営会社の（株）ダブルスの中根眞由美代表取締役と長崎正人代表取締役副社長が声をかけてくれた。私たちは、正式にマネジメント契約を結び長崎副社長は「長崎マネ」になってくれた。所属当初は清野氏（ダブルス）も尽力してくれ私たちはとても助けられた。心から感謝している。川原田氏（ダブルス）に於いては、スタッフが足りない時に本番中舞台袖で銀河と紅雅の羽を装着する役目を請け負ってくれたこともあり、その時のことを「まるでF1のタイヤ交換のようで、無事装着しトップを舞台に送り出すときは完全に整備士の気持ちだった」と語っている。通称すず氏（ダブルス）は、貴族の物販会場でさりげなく気の利いたポップを作ってくれていたり、そこから先は仕事じゃなくて気持ちだよね、という事をさらりとやってくれている。私は彼女の現場での優しいサポートをとても頼りにしている。

様々な角度から会社をあげて貴族を守ってくれる「チーム・ダブルス」。舞台やエンタメを愛するマインドのある中根氏と長崎マネだからこその、親心みたいなものがベースにあって多くの学びもくれる。団員との初顔合わせの時、音羽が貴族であることを謙遜したことがあった。うちの団員は貴族として気高く舞台に立たせて頂いているが、一度舞台を離れるととても謙虚だ。「実るほど頭を垂れる稲穂かな」はとても大切なこと。ただ、あまりに謙虚な発言をした時、中根氏が柔らかな声で言ってくれた。「謙虚過ぎることは時として平民に失礼よ。そこは堂々と貴族でいなさい」と。その一言は強く私の心にも響いた。胸を張って貴族でいることが、平民をやって下さっている皆様に対しての最大の礼である。そのことを学んだのだ。

ある時、長崎マネは言った。「これまで沢山のエンタメとお付き合いをさせてもらってきた。普通なら仕事を引退する時期に差し掛かっている年齢なのだけれど、最後のお楽しみとしてみんなとワイワイ言いながら、シークレット歌劇團０９３１が世の中に愛とユーモアを広めていく姿を後方で援護しながら眺めていきたい。マネはね、楽しいよ。とても楽しい！」。そんなマネが団員たちのいる現場や稽古場に顔を出すとみんな一気に元気になる。本気で喜んでいるのが見て取れるのだ。

貴族のイベントやラジオ、配信番組、地方営業など多岐にわたり、主宰である私と二人三脚を組むことが多い長崎マネ。お互いにイベンターとして、興行業務のキャリアを積んできたからこその阿吽の呼吸というものもある。共に記憶力が危うい世代なので備忘録の投げ合いをしながらなのだが。

貴族の現場では大ベテランの長崎マネに想像し得なかったことも起きている。ある時公演会場で「すいません、写真いいですか」と平民の方に声を掛けられたマネ。当然だが「いいですよ」と写真を撮って差し上げようと相手のスマホを受け取ろうとした時「あ、一緒に写真を」と言われ平民の皆さんに囲まれて写真の中に収まる、ということが。「私は、一生涯裏方なんです。裏方で終わるはずだったんです」。予想以上に長崎マネが世の中の平民の皆さまに認知され、そのような現象が。私はそれを微笑ましい出来事として捉えている。望む、望まないに関わらず、自然と人から愛されることは素晴らしいことだ。そしてそのような人がマネージャーとして団員たちを支えてくれていることを嬉しく思う。

ロビーまわりなどのヒトビト

小劇場時代、本当に人が足りない中、ロビーまわりで貴族を支えてくれた人たちがいる。藤田中山ペア。「とにかくロビーのことは任せて」と動き回ってくれた。そしてシアターＺＯＯの小屋つき（劇場管理人）だった貴族ネーム犀温師《さいおんじ》さんこと阿部雅子氏と貴族ネーム我牛院《がぎゅういん》さんこと笠島麻衣氏には本当にお世話になった。２人はのちに制作を担当してくれたり、楽屋裏に入ってくれたり、貴族を愛し私を支えてくれた大切な仲間だ。ある年、忙しさがピークの時に打ち合わせで犀温師さんと会った時のこと。「お疲れ様です、愛海さん。これ」と小さな花束をくれたことがあった。この優しさと思いやりに私は思わず泣いてしまいそうだった。今もスタッフとして支えてくれる我牛院さんも然り。まっすぐな眼差しを私に向け「なんなりと！」と中世ヨーロッパの騎士《ナイト》のように傍《かたわら》にいてくれた。大変優秀な彼女たちは北海道の舞台芸術を支える重要なポジションでそれぞれ活躍中だ。

あの羽を作ってくれたヒトビト

このように、貴族を支えてくれるナカノヒトビトをご紹介させて頂いたが、その外郭で支えてくれているヒトビトも多くいる。銀河と紅雅が背負う大きな羽、あれは当初、レンタル衣装屋「札幌衣裳」にあるサンバの羽を借りていた。大きめのサンバの羽。それはそれで面白かったのだが、軍服やレビューの衣装にサンバの羽を背負い続けて数年後の２００６年、古参平民の漫画家いがらしゆみこ氏が「ずっとサンバの羽じゃあ、貴族なのにかわいそう」と、とある衣装屋に掛け合ってくれ、製作代金を半分ずつ出してくれたのだ。他の方にもレンタルしてもよいから大きな羽はお店で保管をしてもらうという条件で。「真っ白で立派なまあるい背負い羽」は舞台をより一層華やかにしてくれ、何よりも平民が皆、喜んでくれた。しかし２０１４年、その衣装屋が倒産し店にあった衣装の全てが他の業者の手に渡り、そこに置かせもらっていた貴族の白い羽も行方不明になってしまったのだ。私たちは白い羽を失い、悲しんだ。

その様子を知った、当時札幌で会社経営していた平民の海老田氏がせっかくだからもっと大きいのを作りなさい、と寄付をして下さり、青い大きな背負い羽を作って下さった。一基15万から20万するものを2基。サンバの羽で4年、白い羽で8年、青い羽になって8年。そろそろ誰かもっと大きな羽を作ってくれないかな、と思っている。

巻末おまけ企画！ 銀河と紅雅のツートップ対談

～もう20年？ 今、二人だけの語らいに感謝の薔薇を～

街角の縁石から大ホールへと広がる舞台
心よりくだらなさを愛する信頼関係は変、いや不変！

『シークレット歌劇團０９３１』の世界を濃ゆく彩る夢組トップ、『銀河祐』と『紅雅みすず』。言わずと知れた最強の二人であるが、その実の関係性は、平民にとって想像の範囲でしかない。くだらなさを強化して、20年を迎えた奇跡。この節目に、二人だけの語らいの場が設けられた。と、話題は早々から惜しみなく、意外な事実から始まります。

聞き手（編集）　平民ライター　ハシモト ミノル

――本日は、トップお二人のここでしか語られないような関係性をお聞きかせいただけたらと思います。

銀河　近所に住んでいたんだよな、我々

紅雅　実は。だからよく会って

銀河　喫茶店を挟んだ角っこで、缶コーヒー飲みながらな。縁石に座りだして、ずっと笑っていたっけ

紅雅　何でもしゃべっていたよな

銀河　しかも、笑って立っていられなくなるくらい。常におもしろいことが好きだったし、もう二人だけでおもしろいんだ

紅雅　実に、くだらない時を過ごしたよな

銀河　今でもな（笑）

紅雅　でも、お互いのことって、まじまじと考えたことないぞ

銀河　仲良くなりたくて、なったわけではないからな。気がついたら、二人でたくさんの話をしていたし、一緒の時間を過ごしていた。そう、私からすれば、なくてはならない存在だったことは確かで……?!おい、こっちをじっと見つめるな（笑）

紅雅　うーん、私は、どうかなあ……？

銀河　なんだ、棒読みかつ、そのべつにという表情は。ぜんぜん、うれしそうじゃないか

紅雅　……でも、決まっていたのかもしれない。こうなりたいとかではなく、振り返ってみると、いつのまにか、こんなことになっているという

銀河　そうだね。それは一緒。二人でこうなりたいとか話し合ったことなんてないからな

紅雅　楽しいこと始めたら、気づけば今なんだよな。流れに任せていたら、やりたいことがスケールアップしていたという。気づいたら、平民がたくさん

銀河　そう。それは一番の驚きかもしれない

紅雅　（舞台公演に）実に多くの人が来てくれるが、業界の人も一般の人も、観たら帰るときは、みんな一緒だ

銀河　それぞれの肩書があって劇場に観に来るけれど、帰るときは、みんなただの、平民になっている

紅雅　そうそう、０９３１は、言うなれば『銭湯』。裸になれば、みんな一緒だ。腰に手をあてて牛乳飲んでな（笑）

銀河　我々は、番台のおじさん、おばさん。みんなを見渡している

紅雅　またおいで！って

――そんな番台のお二人に、平民を代表して聞かせていただきます。お互いに認めるところ、ここだけは勝てないというところはありますか？

銀河　ふむ。紅雅に勝てないと思うところは……

紅雅　……な、そ、そんなところ、ないだろう？

銀河　否！ある。そうだな、天真爛漫さだ。うらやましいと思うぞ。自分の代わりに天真爛漫でいてくれる。無邪気にね

紅雅　……お、お前も、無邪気だろ？

銀河　ああ、そうだ（笑）けれども、無邪気の種類が違う。底抜けに明るいんだ。あふれる明

るさは、本当に太陽のよう。その、自分にはない面が互いを補っているような気がするんだ。そう、何か困ったときも、紅雅の「大丈夫」ってひと言で、私は安心をもらえる。ひとりだとできないけど、二人だからできることが多い

紅雅　私も、二人で培ってきた安心感がある。銀河がおもしろいと思うことは、本物。私は、ずっとそれを信じている。銀河が笑えば、「あ！やっていいんだ！」って思えるんだ

銀河　紅雅がおもしろいってことが、私が大事にしたいことだから、そのおもしろさを奪ってはいけない。それがなくなったら私が心底悲しいのだ

紅雅　たしかにな。私からおもしろさを取ると、真面目な人になってしまう。素敵な真面目な人に、ね（茶目っ気満載で銀河様を見つめる）

銀河　（笑）………今、しっかりと頭をはたいておいたが、こういう時、紅雅はちゃんと頭を先に差し出す。ここが可愛いよね

紅雅　まあ、ここまで、おもしろさを追究しあって、認めてくれた人はいない。銀河がね「それおもしろい」って、基準を与えてくれる。自信をもらえるし、間違っていないという確認をする存在なんだ

銀河　ああ、そうだとも

紅雅　おおっ、すごい自信だな

銀河　では、今からいいこと言うからな。銀河は、紅雅が世界一おもしろい人だと思っている

紅雅　…今の聞いた？皆さん、聞きましたかー？

銀河　静かに——。今日しか言わないからな。本当に、私は紅雅が世界一おもしろい人だと思っている。その力が発揮できてないときは、もっと開放させてあげたいと心から悔しいんだ。だが、紅雅がのびのびやっている姿を見ていると、私が誰よりもいちばん笑っている。そう、自分の出ていない場面でも、可笑しなところはかならず見に行く、今でもな

紅雅　可笑しなシーンしかないぞ

銀河　お前、可笑しい担当だからな

紅雅　そういう20年だな（笑）

銀河　これからも、紅雅をずっと見ていたいと思う。お前がいなかったら、私は0931をやっていないな。今後も、紅雅がやらないと言えばやらない。それは確かだ

紅雅　でも、これからのことは、本当にわからないよな

銀河　ただ、気持ちはずっと一緒。楽しいことをやって、みんなと笑いたいだけ。そうだな、単独公演を観に来られない人のために、北海道の各地を巡ってみたいよな。みんなと親しくなって、生存確認をしに行くのはどうだ？

紅雅　貴族の出張銭湯だな

銀河　みんなが来てくれるから、今度はこっちから行く。そこで「待ってたよ！」って言われたい。仲良くなりたいんだ。巷の貴族——。いいじゃないか

紅雅　楽しみだ。これからも我々のやり方は、変わりようがないよな。楽しかったらやる。楽しくなかったらやらない

銀河　まあ、これから世の中、何が起きるかわからない。けれど、こんなふざけた人たちがいるんだから、一緒に生きていこうって。淡々とな

紅雅　淡々と。そうだ！『こまどり姉妹』のように！

銀河　なるほど、こまどり姉妹な（笑）

紅雅　この前、彼女たちのドキュメンタリー映画を観て、これだ！と共感したんだ。実に、淡々とやるのだよ、あの姉妹は

銀河　こまどり姉妹と競演したいな。夏祭りとかで。しっかりと握手したいな。目標ができたぞ（笑）

紅雅　うむ、淡々とやることの深味だな

銀河　淡々とやるにも、待っていてくれる人がいるからこそ

紅雅　そうだとも。無理をせずにな。信号が黄色になったら走らない。軟骨をすり減らさない。それでもしもバスに乗り遅れたら、帰る！

銀河　それで良し！

▼対談後記

約1時間40分、トップ対談は密に蜜に縦横無尽に転がり、『こまどり姉妹との競演』という目標も飛び出しました。これが、あり得ると思えてしまうのが不思議。二人の語らいは、二人だけの関係性にあふれ、聞き役という特等席をいただいた気持ちです。しかし、この対談。文字に再現する難易度と言ったらもう……。特に、個人的に感じたことですが、銀河様が紅雅様を少しでも褒めたときの、紅雅様の喜びをひた隠す表情。けれど、薔薇が咲き誇るかのような喜びオーラのあふれっぷり。それを見て褒め続ける銀河様——。至福でした。平民の皆様、そのあたりを想像して、再読していただけたら可笑しみ倍増、何よりです。0931が創りあげた世界、その愛とユーモアに感謝。キープ・オン軟骨！

あとがき

どこかで「実現できたらいいな」と思いながらも、どこかで「これに手を出したら自分の首を絞めることになるぞ」と避けてきたもの。それがこの本の出版プロジェクトでした。実際私の首は大いに締まったワケでして。でもそのおかげで普段は一切やらない貴族の過去を振り返る、ということができました。

改めて確認できたことは、始まりの２００２年から私たちは、その年その年を生き抜いて、終わったものは振り返らず、未来に大きな目標を掲げることもなくやってきたんだなということです。毎年新鮮な気持ちで変わらぬ高い温度を維持し、「愛とユーモア」の熱を放出し続けていたように思います。それはもう無邪気にひたむきに。大それたことなど一つも考えずに来た、という感じです。

あとはもう「ワクワクするかしないか」で全てを決めてきました。舞台から、やがてイベントゲスト、テレビ出演。そしてラジオと配信番組で冠番組を持ち、ファンクラブの開設…。団員たちは、嬉々として取り組みました。それがワクワクする面白いことだったからです。「見た目は大人、中身は小学生」の団体ならではの判断基準です。その主宰として、「愛とユーモア」を発信し、誰かの眉間のシワを一瞬でも消すことができているなら、こんなに嬉しいことはないです。私たちは政治家のように国を動かすことはできないけれど、愛とユーモアで巷の平民の心を動かすことならできる――。そんなささやかな使命感と心意気が積み重なっての20年でした。

これから先、中小貴族は益々老いていきます。特に銀河と紅雅は2人合わせて百歳を超えていますから、前の年に出来たステップは今年はもう踏めなくなるかもしれません。昨日振り上げられた腕が今日上がらなくなるかもしれません。でもそれは仕方のないこと。「出来ないことを嘆くのではなく、出来ることで最善を尽くす」…２０２０年、コロナ禍で得た教訓が私の全てに通ずる教訓として刻まれました。

新型コロナウイルスが蔓延し日本は２０２０年の3月辺りから深刻化。それまで当たり前だった生活が一変した時、エンタメ業界も窮地に立たされました。私自身、別のカンパニーで脚本演出を手がけていた全国規模の舞台が2月の名古屋公演のみ実施でその後は中止となり、自粛期間へと突入。全く先が読めず、シークレット歌劇團０９３１の12月公演ができるかどうかもわからぬまま、取り敢えず台本を執筆する日々。お盆が過ぎた辺りでコロナ対策が少し見えてきて、飛沫が問題ならば完全口パクでやろう、そう決めました。平民の皆さまにも「しゃべるな、笑うな、キャー厳禁」とルールを作り、公演を諦めずに実施しました。

無理をして押し切ることはせず、開催することをわがままに主張せず、何よりもお越しくださる方々に迷惑をかけないこと。それを踏まえながら、公演に足を運んでくださる平民の皆さまに「来てよかった」と思って頂ける状態をご用意するにはどうしたらいいのか長い時間考えました。

主宰として思い悩む時間はつらく遅々としていましたが、役者をはじめ各セクションにその旨を伝えると、彼らは最善を尽くして同じ方向を見ながら走り出してくれました。仲間たちの心意気に胸を打たれ、うまくいかないはずがないと確信し北海道の劇団では唯一の、いやもしかすると全国でも類を見ない「完全口パク飛沫対策舞台」が無事実施されました。

予想以上に大変だったのは、本番を迎えるまでに完成させなくてはならない音源の製作でした。口パク用音源は台本を役者に読ませてただ録音すればよいものでもなく、役者はホールで演じる時の臨場感をマイクの前で再現せねばなりませんし、距離感を加味した音の強弱、ホールの反響を加味した音質にする作業など、気が遠くなる仕事でした。

出来ることで最善を尽くすと決めたので、最高の口パク音源で公演をやろうと中小貴族団体スタッフも団員も頑張りました。団員のそれは最高で、本番中舞台袖で見ていて「あ、これ口パクだった」とハッとするくらい自然でした。そこに至るには、音に合わせながら音に振り回されないパフォーマンスを団員が研究し、繰り返し身体に叩き込む稽古の日々があったのです。この本が世に出る２０２２年の12月公演も変わらず完全口パクですが、その先の未来はどうなっていくのでしょう。

今、このあとがきを読んで下さっているあなたが生きているのは、いつのどんな時代ですか。もしもつまらない毎日を送っていてたまたまこの本に出くわしたのだとしたら、少しは気晴らしになったでしょうか。だといいのですけれど。貴族は貴族でも中小貴族。私たちはいつでも平民の隣にいます。今後も持ちつ持たれつのご近所付き合いの文化を守りながら、地域に根ざす芸能を続けていきたいと思っています。

最後に、私の独特な趣向を面食らいながらもご理解下さり作業が立ち止まらぬよう支えて下さった北海道新聞社出版センターの編集担当三浦さん（隠れ古参平民）、「貴族の世界」を見事に表現して下さったブックデザイナーの佐藤さん（未平民）、この企画自体のお話を進めて下さいました北海道新聞社出版センターの加藤さん（平民）、大塚さん（平民）、ありがとうございました。数カ月で全ての資料をそろえ、選別し、構成し、執筆もするという暴挙。よく間に合ったなと思います。

今回この書籍の帯文を書いて下さった直木賞作家の桜木紫乃さん（平民）にも、「それ1人でやる仕事じゃないですよ」と呆れられ、執筆、構成の荒行《あらぎょう》に喘ぐ私に、ことあるごとにお声掛けを下さった事は忘れられない思い出となりました。「北の中小貴族」を叱咤激励する「平民直木賞作家」。この真夜中のごっこ遊びが唯一の息抜きであり、孤独を忘れさせてくれるひとときでもありました。そして古い友人でもある漫画家のいがらしゆみこさん（古参平民）、「はじめに」のページに素敵な銀河と紅雅のイラストを描いて下さりありがとうございました。また、一部の平民の皆さまからも「作文」を寄せて頂きページを支えてもらえましたこと感謝致します。心を込めてふざけた見出しをつけさせて頂きました。関わって頂いた全ての皆さま、ありがとうございました。この世界の扉を開けてしまった銀河サマと紅雅サマへひと言。

「これからも明るく自由でいて下さい」

愛とユーモアを込めて　愛海夏子

編著者略歴

愛海　夏子（いとうみ　なつこ）

北海道美幌町出身。中小貴族団体「シークレット歌劇團０９３１」主宰、脚本演出。23年間在籍したテレビ局を退社後、株式会社LOKA375設立。脚本演出業、イベントプロデュース業、司会・ナレーター業、コーチングサロン「トークショップ」運営。講演活動の実績は、聴講者数が延べ１万人。ＦＮＳアナウンス大賞番組部門にて番組制作・演出・出演の朗読番組『ロ・ヲ・ド・ク』が大賞受賞。結木滉星主演、朗読劇「バケノカワ」（２０１９年）脚本演出。元北海道文化放送アナウンサー。

制作協力
株式会社　ダブルス

ブックデザイン
佐藤守功（佐藤守功デザイン事務所）

貴族《きぞく》の世界《せかい》　シークレット歌劇團《かげきだん》０９３１《ぜろきゅうさんいち》

２０２２年11月10日　初版第１刷発行

編著者　愛海 夏子
発行者　近藤　浩
発行所　北海道新聞社
〒０６０‐８７１１　札幌市中央区大通西３丁目６
出版センター
（編集）電話０１１‐２１０‐５７４２
（営業）電話０１１‐２１０‐５７４４

印　刷　中西印刷株式会社

ISBN978-4-86721-080-2

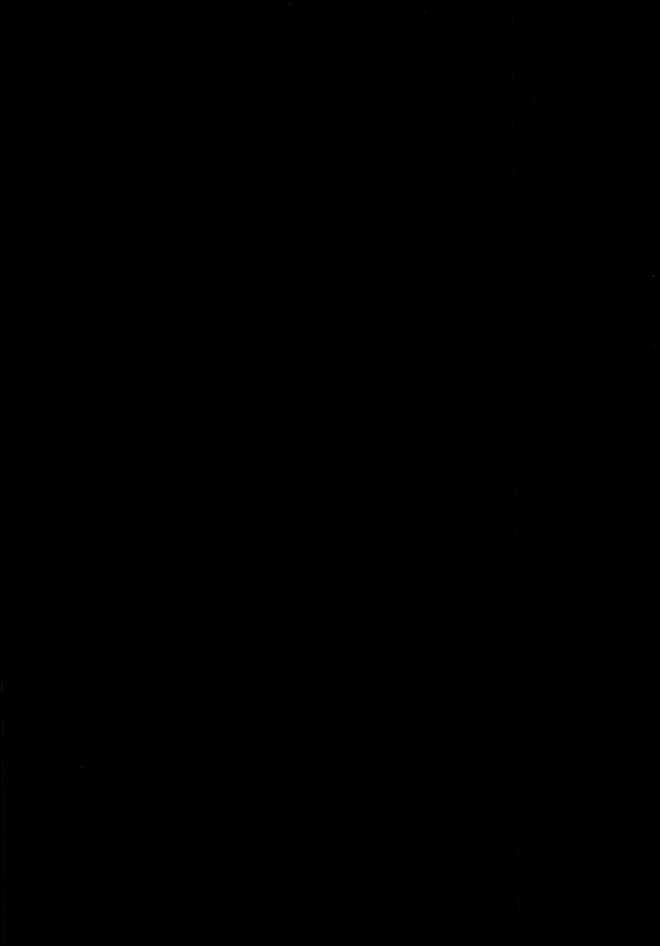